ふろしきがある暮らし

一枚の布が豊かさと心地よさを教えてくれる

滝野朝美

はじめに

はじめまして。
会社員をしながら、ふろしきクリエイター
としても活動する滝野朝美《たきのあさみ》と申します。
「ふろしきガール」と呼ばれることも
ありますが、簡単に言うと
ふろしきを使ったり、作ったり、
使い方を教えたりしている人です。

ふろしきはなんでも包むことができて、
何度でも結び目をほどいて
やり直すことができます。
どんなかたちにもなり、
広げれば一枚の布に戻ります。

古臭いイメージをもっている人も、
自分の暮らしには
合わないと思っている人も、
まあまあ、そう言わず……。

ふろしきに出会ってから、
私はほどよく力が抜けて、
居心地よくいられるようになりました。
ちょっとしたことが便利になった
というのもありますが、
何よりも物事を柔軟に考えられるようになり、
自分の心の持ち方がじょうずになったんです。

この本では、いくつかの使い方を
紹介しながら、私がふろしきから
教わったことを話していきたいと思います。
気持ちをゆるめて気楽に
読んでもらえたら嬉しいです。

この本がみなさんとふろしきの
出会いになりますように。
そして、日々を豊かにするヒントを
届けられますように。

目次

CHAPTER 4 ふろしきで包む

CHAPTER 5 私らしい一枚を

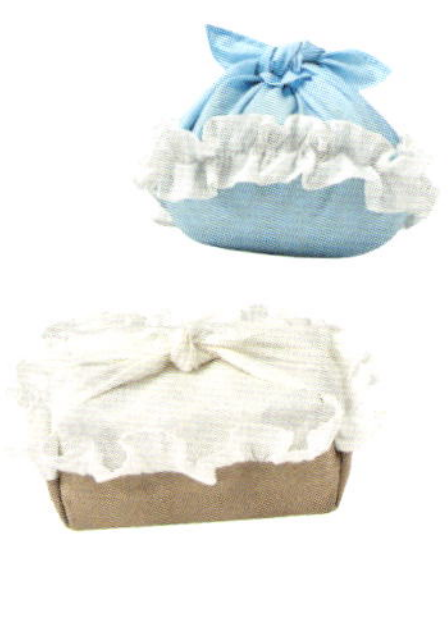

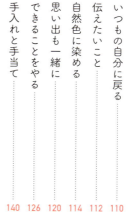

(CHAPTER 1)

ふろしきとの出会い

「人生を変えた衝撃的な出会い」なんて、
大げさなものではないけれど、
確実に私を変えてくれたふろしき。
今の自分のほうが、私らしい気がしています。

心がほどけた ふろしきとの出会い

私は適当というかズボラというか、マイペース。でも、ふろしきに出会う前は少し違っていました。真面目で心配性で、いつも何かに不安を感じていたんです。だからこそ自分が困らないよう入念に準備を重ねて、うまくやろうと必死でした。何年か前、そんな一生懸命な日々のなかで、〃ふろしき王子〃こと横山功さんのご一家と知り合い、ふろしきと出会いました。

気楽でいいな。それが、私のふろしきの第一印象。「いいなぁ、すてきだなぁ」ではなく、少し嫌味っぽさが混じっていました。どんなものでも結べる自由さや、布がもつ柔らかい印象に、どこかのんびりさを感じて、「気楽そうでいいな」と思ってしまったんです。今思えば、自分に余裕がないことが見え見えですね。でも、なぜか、ふろしきが気になる存在になっていきました。物珍しさもあったかもしれません。

ある時、外出先でカバンの留め具が壊れて閉まらなくなったことがありました。困ってカバンを抱える私に、横山さんからの助け船。二枚のふろしきを出して「赤とピンク、どっちがいい？」と。そして、ふろしきでカバンを包みながら、「困ってから考えても間に合うんだよ」と言ってくれました。この時、少し体の力が抜けていくような感覚がありました。いつも「あれがこうなった場合は」「これでうまくいかない時は」……と、困りごとを先読みしていた私は、予想していなかったピンチが簡単に解決され、好みの色を選択できる余裕すらあることに拍子抜けしたのでしょう。しかも、ふろしきで包まれたカバンがかわいくて、その日の帰り道はスキップするような気持ちで久しぶりに心も軽くなっていました。

役目を終えたふろしきは何事もなかったように小さく畳まれて、それを見ていると「なんか、いいなぁ」に印象はすっかり変わっていました。

カバンを包むようにして結ばれたふろしき。今思えば、のんびりさに嫌味っぽく感じてしまった時から、羨ましさみたいなものがあったのかも。

これ、なんかいいかも

ふろしきの結び目をほどいたり、ぎゅっと結んだりした時、自分の気持ちも連動しているような感覚がありました。何かそこに感じるものがあり、私は頑張り方を変えることにしました。ふろしきがあれば、「何があっても大丈夫な自分」でいられる気がしたんです。魔法を手にしたようなわくわくした気持ちで、ふろしきを使う暮らしを始めました。

ふろしきの使い方は、本を読んだり人から話を聞いたりして学びました。今は真っ先にSNSやYouTubeで検索する時代ですが、当時はあまり発信している人がいなかったので、自分なりに手を動かして覚えたことも多くあります。特別な勉強をしなくても、誰でも使えるアイテムであることはすぐにわかりました。大雑把でも不器用でも、問題ありません。自分流の包み方があってもいいし、思い通りにならなくても何度でもやり直しができます。紙のラッピングのように「折り目がついて失敗した！」なんてこともありません。ふろしき自体が優しい存在であると同時に、使う人にも優しいんです。

物を包む以外にも、端をクリップで挟んでカーテンにしたり、荷物の上にかぶせて目隠しにしたり、広げてテーブルクロスにしたり、ふろしきの可能性は無限大。ウールのふろしきをブランケットにしたり、麻のふろしきをバスタオルにしたり、そのままのかたちで自分の暮らしのなかに当たり前にふろしきがあることは、とても心地よく感じます。バッグにしたり、華やかなラッピングもできますが、手間をかけることだけがいいわけではないと考えさせられます。

ふろしきの名前

ふろしきに注目するようになってから、名前の意味を不思議に思ったことがありました。「風呂に敷く」で〝風呂敷〟。〝包む〟や〝結ぶ〟という字が入っていたらもっとわかりやすいと思いませんか？　諸説あるようですが、ふろしきの歴史についてお伝えしておきます。

室町時代のこと。風呂という文化が定着する頃は、今のように湯船につかる形式ではなく、サウナのように蒸気浴をする蒸し風呂だったそうです。蒸し風呂の椅子は熱いのでふろしきを敷き、その上に座って汗を流していたと言われています。それが江戸時代になって庶民も銭湯を楽しむようになると、広げたふろしきに脱いだ服を入れてまとめたそうです。脱衣所はあっても、現代のような鍵付きロッカーはもちろんなかったはず。だから、他の人の服と自分

の服とが混ざらないように。ふろしきはどうやら、「風呂に持っていく敷きもの」だったようですね。その時代の人々の暮らしのなかで風呂に行く時に必要とされた敷きものが「風呂敷」と呼ばれるようになったわけです。

昔からある四角い布といえば、手ぬぐいも想像できますが、脱いだ服をまとめるのなら、手ぬぐいではなく、大きな正方形の布が必要になるのも

頷けます。ふろしきが正方形なのに対し、手ぬぐいは長方形。用途を考えてみても、ふろしきは物を包んだり運んだりするもので、手ぬぐいはタオルやハンカチのように汗をぬぐったり手を拭いたりするものという印象があります。また、ふろしきと手ぬぐいの違いは、贈りものの時に込められる意味についてもよく語られます。ふろしきはご縁を結ぶという意味合いで、結婚祝いや記念品など、おめでたい時に送られますが、手ぬぐいは「手を拭う」と書くことから手切れや別れを意味します。ハンカチも同じようですが、最近はちょっとした御礼や挨拶のギフトとして手ぬぐいやハンカチは定番ですよね。時代に合わせて変化していいものだとは思いつつ、そうやって新たな文化が生まれたり、古くからの文化が消え去ったりするのなら、名前の謂れや物の意味を知ることは大切にしたいなと感じます。

結び方はふたつだけ

ふろしきの結び方の種類は、ひとつの角を結ぶ「ひとつ結び」と、ふたつの角を結ぶ「真結び」があります。「ひとつ結び」は、ポリ袋や風船の口をくるっと結ぶ時、「真結び」は「固結び」と説明するとわかりやすいでしょうか。ふろしきの包み方は、きっと誰もが結んだことがある、この二種類の結び方を組み合わせることでできています。布がピンと張られ、角がピシッと揃い、美しく結ばれた姿は難しそうな印象を与えるかもしれませんが、意外とシンプルなんです。

複雑に見えることも、実はとても単純だということはよくありますよね。ふろしきを結んだりほどいたりしていると、あれこれ考えすぎて、物事を難しくしてしまっているのは自分だったと気づいたりもします。

真結びは、仕上がりをきれいに見せるポイントにもなります。
ただ結ぶだけ。でも、きちんと結びたい。結んだあと整えることも大切に。

ひとつ結びの結び方

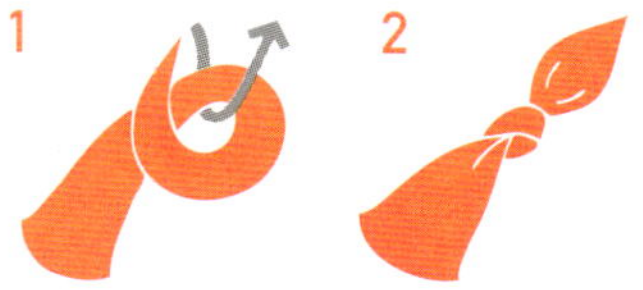

角をもって輪をつくり、先端を矢印のように輪のなかに通す。結び目の両側をしっかり引っ張ると完成。輪の位置を先のほうにするかどうかで、結ぶ位置が変わります。

真結びの結び方

ふたつの角をもって交差させ、矢印のように手前の角（橙色）を一回転させる。くるっと巻きつけるイメージ。

奥の角（薄橙色）を矢印のように一回転させて輪のなかに通す。しっかり引っ張ると完成。縦結びに注意。

真結びのほどき方

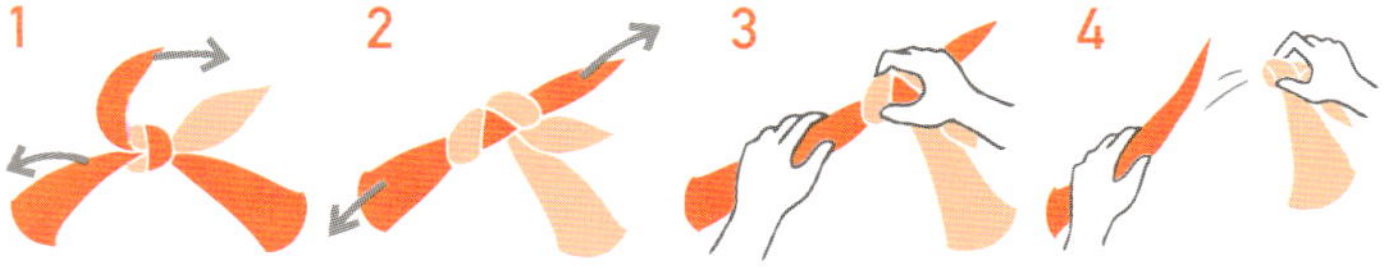

結びの左側(橙色)を矢印の方向に引っ張り、布を一直線に（p.85のように結び目の角を右手で、根元を左手でもつ）。

右手を結び目にもち替えて、引き抜くように引っ張る。ほどきにくい場合は、結びの右側で試してみて。

ふろしきは四角い布

ふろしきは、ハンカチサイズから布団を包めるサイズまで、さまざまな大きさがあります。昔のふろしきは着物の反物を使って作られていて、一般的な反物のサイズは、幅約36cm（約1尺）。大きくする場合はそれをつなぎ合わせて作るため、反物の幅の倍数がふろしきのサイズ。これが今もサイズの参考にされています。反物で作られていた名残りは、サイズだけでなく形にもあります。四辺の長さが等しい正方形だと思われがちですが、正確には、縦のほうが3％長いんです。反物を織る際、ピンと張った経糸《たていと》に対して横糸は織り手の加減で伸びるようになるため、伸びづらい縦地を少し長くしたというわけです。

　ふろしきの大きさは、一般的に3つのサイズがあればさまざまな包みに対応できます。ハンカチにしたりお弁当を包んだりするのにちょうどいい小ふろしき（約45～50cm）、ワインや菓子折りを包むのにちょうどいい中ふろしき（約70cm）、そして、エコバッグやストールとして使い勝手がいい大ふろしき（約100～120cm）。男性が背負って使うには、120cmくらいあるといいと思います。包みたい物に対してふろしきが大きかったり、小さかったりしても多少は大丈夫。結び目の大きさや結ぶ位置を調整すれば、その時のちょうどいい包み方がきっと見つかります。自分専用の使い方ができるのが、ふろしきのいいところです。

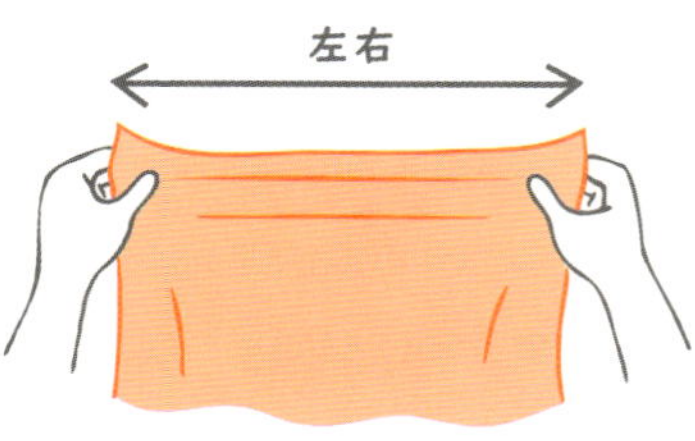

向かい合う端を引っ張って、伸縮するほうが左右。伸縮しづらいほうが天地（上下）。

「ちょうどいい」は心地いい

この本には、麻や綿、ポリエステルやナイロン、シルクやウールなど、さまざまな素材のふろしきが登場します。使いたい目的に合わせてふろしきを選ぶのは、洋服を選んだりアクセサリーを選んだりするような、そんな楽しさがあります。重たい荷物を包むのか、さっと羽織るのかで選ぶふろしきは当然変わりますが、厚くてしっかりした生地なら重たい荷物も安心、というわけではありません。伸縮性があるかどうかなど、特性によって向き・不向きはあります。それから、サイズと厚さの関係も。たとえば、小さなふろしきで生地が厚いと結びづらく、反対に、ふろしきが大きくても生地が薄くて弱いと荷物の重さに負けてしまいます。バランスはとても大切。何事も、「ちょうどいい」がありますよね。

素材には、それぞれによさや手がかかるポイントがあります。麻で作ったふろしきは丈夫で重いものも包むことができるので、普段使いしやすい私のお気に入り。乾きやすく、湿気の多い季節でも安心して使えますが、洗い方や乾燥の仕方によってはごわつくこともあるので要注意。同じくらい出番が多いのが、綿のふろしき。薄手なものが多くて柔らかく、結びやすいのが特徴です。

手入れが簡単で汚れをあまり気にせず使えるのはポリエステルとナイロンのふろしき。ポリエステルは軽量で丈夫なので、旅行時のパッキングやアウトドアシーンでも活躍します。ナイロン素材は雨具にもぴったりで、カバンや自転車のサドルカバーにも使います。

ちょっと特別感があるのは、シルクとウールのふろしき。シルクは光沢があって贈りものの包装にぴったりですが、柔らかいのでバッグには向きません。肌に触れると心地いい素材なので、シルクはスカーフ、ウールは寒い季節のブランケットとして大切に使い続けていきたいです。手入れには注意が必要ですが、その手間がかかる感じも好きなんです。

リネンなど麻の素材は特に、使っていると生地の柔らかさが変わってきます。パリッとした触感からだんだんと、とろんとした手触りに。使い心地が変わってくるとふろしきを育てているようで、愛着が湧いてきます。

人には個性があり、性格もいろいろですよね。布に触れていると、布にも素材の特徴や癖があって、一枚一枚違うことを感じます。どのふろしきがちょうどいいか、使う場面によって考えなければならないのは当然です。

時代と文化

ふろしきといえば、昔から唐草模様が定番ですが、これは縁起のいい柄として親しまれる伝統模様のひとつ。ぐんぐんと伸びる蔦の模様は無限の繁栄を表し、長寿を表現しています。泥棒の模様だと連想されることも多いですが、この話をたどると、どの家庭にも昔は当たり前に唐草模様のふろしきがあったことがわかります。

その昔、泥棒は手ぶらで家に侵入し、その家のタンスにあったふろしきを広げて盗んだ荷物をまとめたそうです。泥棒にとってどの家にもある唐草模様のふろしきは、自分の荷物を運んでいるように見せるカモフラージュのアイテムになったはず。そうして唐草模様のふろしきを背負った姿が、泥棒らしい姿のイメージとして定着したのかもしれません。

そもそも四角い布の記録は、奈良時代にさかのぼります。ある歴史的書物に、献上物を「ころもづつみ」という布で包んでいた記述があるそうです。その後、室町時代には敷き布、江戸時代には着替えをまとめる包み布として風呂場で使われました。また、西洋の文化が伝わる前は、カバンに代わってカゴやふろしきが使われたことでしょう。機械織りが普及した明治時代以降、大正から昭和中期まで量産されると、より多彩なふろしきが広く国民に愛用されるようになり、時代に合わせて使い方を変化させながら、私たちの生活に根付いてきました。

そんな多様性を秘めたふろしきは、今の時代にとても合っていると感じます。敷き布や包み布のような実用的な使い方はもちろん、インテリア用品やラッピンググッズにもなります。ふろしきは主役にも脇役にもなれて、自分らしさを自由に表現できるアイテムなんです。

ふろしきの先生になる

私がはじめてひとりで誰かの前に「ふろしき講師」として立ったのは、海外の旅行事業者が集まるイベントでした。海外の商談会の合間に、ホテルや旅行会社の方へ向けてふろしき講座をする、というもの。それまでも個人でワークショップをしていたので不安はありませんでしたが、相手は海外の方なのでとても緊張しました。でも、ふろしきの文化にどんな反応をするのか自分で確かめたくて、わくわくしていた記憶があります。その講座は、包み方をひとつ教えるたびに拍手が起こり、大盛況。〝瓶2本包み〟を教えると、「3本包みたい時は?」と、用意していなかったことを聞かれてドキッとした場面もありましたが、その場で考えたアイデアで乗りきりました。困った時にその場で考える柔軟さも、伝わ

っていると嬉しいなと思います。

今は講師の仕事も慣れましたが、「先生」と呼ばれるのは未だに少しふしぎな気分です。自分より50歳も年上のマダムに教えることもよくあって、「あなたより随分長く生きてきたけど、こんな使い方は知らなかったわ！」なんて言葉をいただけると、嬉しくて照れてしまいます。お子様向けの講座はまた違った楽しさがあり、より柔軟さが試されます。「できた」「楽しい」という思い出を持ち帰ってほしいので、様子を見て内容を変更することもあります。

大事なのは結び方を覚えることではなく、自分で手を動かして生活のなかで活用できる実感をもってもらうこと。まずは、ふろしきとの距離をぐっと縮めてほしいので、結び方を伝えながら、私の「あの時ふろしきがあって本当に助かった」という話をしています。そうすると参加者の方も、「あぁ、私にもあの時ふろしきがあったらよかったんだ！」と自分のなかで発見してもらえることがあるんです。ひとつ出てくると、「家のあそこで使ったら……」と、気づけばふろしきを使う暮らしが想像できています。

鎌倉の小学校をまわるふろしき講座。3年生のクラスでは、「これ、正方形じゃなくない？」という声が……。気づいてくれて嬉しかったなぁ。

古きよき日本らしさ

ふろしきのイメージを尋ねると、「古い」「難しそう」「日本ならではの文化」という3つの印象をよく聞きます。ここにおいて「古い」は、若い世代にとって「古くさい」を意味するわけですが、そうしたネガティブなイメージをもたれていることに、少し寂しさを感じています。

ふろしきの歴史は古いけれど昔のものというわけではないし、決して難しいアイテムではなく誰でも簡単に使えます。それに、四角い布の文化は日本だけのものではありません。ある国では荷物を頭にのせたりラクダに運ばせたりする時、荷物をまとめる包み布としての使い方が根付いています。子どもを背負ったり、パンなどの食料を包んだりすることもあり、世界中で四角い布は生活とともにあるんです。日本のふろしきは海外でも〝furoshiki〟と呼ばれ、同じように使われるアイテムの韓国の褓子器（ポジャギ）、中国の包袱（バオフー）も、ほかの国の言語で訳されることはありません。その土地の文化に合った使い方があり、その土地で親しまれるものとして存在しています。使い方が似ているものがあっても、ふろしきはふろしき、ポジャギはポジャギなんですね。海外の方に、「私の国ではこうだよ」と教えてもらうことがありますが、使い方やその土地の暮らしの話を聞くと、どの国でも、その土地の四角い布がちょっとしたことを便利にしたところから文化が生まれたように感じます。

ふろしきに「日本らしさ」を感じるのは、伝統文様や和装に使う素材など、見た目の印象が大きいような気がします。最近は素材も柄もさまざまでおしゃれなふろしきが増えて、それを「逆に新しい」と感じる人もいれば、「日本らしさが薄れた」と思う人もいるようです。でもきっと、「気持ちも一緒に包む」という思いやりが、いつの時も変わらない日本らしさです。これからも、現代らしいデザインも楽しみながら、古きよきもののよさを発信できたらと思います。

Column 1

さまざまなスタイルで展開

ふろしき屋さんでなくても、ふろしきを商品として扱っているお店や企業はいろいろあります。スポーツチームやアーティストのグッズとして展開されていることもあるくらい。そう考えると、身近に感じてきませんか？

お店や企業が展開するふろしきは、それぞれの想いやコンセプト、デザインのおもしろさが見えてとても興味深いです。あふれるオリジナリティに惹かれるふろしきを、いくつかご紹介します。

LUSH

ナチュラルコスメブランド「ラッシュ」は、ギフトラッピング用アイテムとして「Knot Wrap（ノットラップ）」というふろしきを展開。アート性の高いユニークなデザインが特徴で、リサイクルポリエステルやオーガニックコットンなど、生地の素材にもこだわりが見えます。
ウェブサイトを覗くと、バッグの包み方やファッションアイテムとしての活用法が動画で紹介されています。

NASU FARM VILLAGE

モデルの紗栄子さんが運営する牧場「ナスファームヴィレッジ」は栃木県大田原市にあり、保護馬や見事な土地の景観に癒されると人気。そんなファームを駆け回る馬がデザインされたふろしきがあります。那須の風景が描かれたラベルの日本酒とセットでギフト商品として展開するという、馬の豊かなセカンドライフを思わせる粋な演出にぐっときます。

菓子処 畑田本舗

私の地元、愛媛県では知らない人はいない菓子メーカー「ハタダ」。「オリジナル ルネガール風呂敷ギフト」と称して、内藤ルネさんとコラボしたふろしきを展開。「どらー（いち）」や「ハタダ栗タルト」など手土産の定番人気商品のお菓子がセットになり、ふろしきでラッピングされています。父がホワイトデーに贈ってくれました。

松屋銀座

東京・銀座を象徴する百貨店「松屋銀座」は、日本各地で継承されている伝統工芸・産業・文化を、絶やすことなく新たな機会創出と発展へとつなげることを使命とし、2020年に「地域共創」というプロジェクトを発足。そこでは度々ふろしきが登場。ショーウィンドウのディスプレイにわくわくが止まりません。

(CHAPTER 2)

暮らしを心地よく

自分の暮らしに合わせて、困りごとに合わせて、
使い方は人それぞれ。
紹介している結び方は忘れてしまっても大丈夫。
「ひらめき」と「ときめき」を楽しんで。

ふろしきは身近なところに

私がはじめてふろしきに触れたのは、おそらく幼稚園の頃のお弁当包み。「ふろしきの結び方」として教わったわけではありませんが、母が包んでくれていたお弁当包みをほどくことで、子どもの頃の私は自然と結び方を学んだように思います。ふろしきは、お弁当箱をぴったりと包むことができますよね。蓋が開かない安心感があるし、においを包み込むこともできるし、もし水分が漏れても受け止めてくれます。

学生時代、早起きして妹にお弁当を作っていた頃、最後に「頑張れ」の気持ちを込めてふろしきをぎゅっと結んでいたことを思い出しました。ふろしきに絶対のルールはありませんが、結び目が縦になってしまう「縦結び」はタブーとされます。ほどけやすいからよくないと言われますが、そんなに重い荷物でない限り、ほどけることはありません。ただ、縁起が悪いと言われ、ふろしきにはふさわしくないんです。それを知っていたわけではありませんでしたが、間違えて縦結びになってしまうと、必ず結び直していました。今日をいい日で過ごせるように、と想いを込めながら。左右の長さが違ったり、結び目が中央からずれたりすると、ほどいてやり直し。そうやって気持ちのいい真結びをして、自分の朝を締め括っていました。お弁当を食べてくれる妹も、きっときれいな真結びのほうが気持ちがいいだろうな、なんて思いもありました。姉妹の話なので、思いやりかお節介か、微妙なところですね（笑）。

ふろしきだったりバンダナだったり、ランチクロスだったり、呼び方は違っても、「はじめに触れたふろしきはお弁当包み」という方は多いのではないでしょうか。幼稚園児の私は「お弁当を包む布」としか思っていませんでしたが、それでペットボトルカバーや小物入れ、帽子にもできると知っていたら、もしかしたら遊び道具のひとつになっていたかもしれません。

子どもの頃に使っていたふろしき。キャラクターのものはお弁当包みに。柄のあるふろしきは、バンダナとして頭に巻いていました。

自分の暮らしに似合ってくる

ふろしきは自由にかたちを変える魔法のような布。生活するなかで「これがこうだったらいいのに」と思うことも、ふろしきを使えないか考えてみると、多くの場合どうにかなります。

たとえばロングヘアだと、お風呂あがりにフェイスタオルを肩にかけた時、後ろ髪がタオルからはみ出て服が濡れてしまうので困ります。ターバンのように巻くこともできますが、跡がつくのでできれば避けたい。バスタオルだと重たいし、洗濯物もかさばってしまう……。そんな時、リネンワッフルのふろしきがちょうどいいことに気がつきました。マントのように胸元で結ぶと、服を濡らさず髪の水分を吸収してくれるし、垂れた角を折り返せば後ろ髪を包み込むこともできます。留めておきたければ、その角も胸元で結べばいい。そうやって、「これいいかも！」という使い方を発見すると、とても嬉しくなります。ふろしきに「こうしなければならない」というルールはないので、自由に使えばいいと思っています。家のなかだと誰も見ていないし、自分が心地よければそれでいいんです。

暮らしにふろしきを取り入れる時は、素材や柄選びも楽しみたいところ。ボックスティッシュやカゴ、花瓶など、今その部屋にあるものを好きな生地で結び、インテリアに取り込むだけでも印象を変えることができます。選んだ素材や柄には、きっとその時の自分の気持ちや、「自分らしさ」が表れます。真剣に考えすぎないで気分や直感で選ぶことは心地よさにつながり、選んだ素材や柄を通して、表面的な、あるいは潜在的な自分の気持ちに気づくこともあります。

「好き」の魔法

柄物の生地は部屋の印象をガラッと変えます。私はギンガムチェックの柄が好きで友人にも私のイメージのひとつとして認定されているほど。どこが好きかと訊かれるとうまく説明できませんが、子どもの頃からそばにあった柄でした。部屋のカーテンやクッションカバー、食器棚のクロスなど、母がギンガムチェックの柄で手作りしたものが家にありました。愛着があって懐かしく、実家のようなぬくもりを感じられる特別な柄です。

ギンガムチェックが部屋にあると自分の居場所だと感じることができるので、旅先でも、ギンガムチェックのふろしきを結んで机の上に飾ることがあります。それを使って何をするわけではないですが、ただ結んだ姿がかわいいというだけで落ち着くんです。そこには癒やしがあり、私にとっては意味のある大切な存在です。

好きなものや自分にとって特別な柄があることに気づけたことは、ふろしきをもっと使いたいと感じるきっかけになり、それで自分でふろしき作りを始めました。カーテンやソファカバーを新調するとなれば、自分が考える条件を満たすものを見つけるのはひと苦労ですが、ふろしきなら気楽に変えられるし、好きなふろしきに囲まれていたいと思ったんです。

気負わず始められるのがふろしきのいいところ。ふろしきは、なくても困らないけど、あると暮らしを豊かにしてくれます。誰かにとっては音楽だったり花だったり、本がそうなのでしょうか。そういう大切にしている「好き」が当たり前に日常にあると、ふとした時に元気をもらえます。「好き」と「心地いい」はつながっているんでしょうね。

日々を重ねる

実家の冷蔵庫って、宝の宝庫だと思うことがありませんか？　だって、食べたいものがどんどん出てきます。昨日の夕飯のおかず、炊き込みご飯のおにぎり、フルーツ、冷凍のケーキ、アイスクリーム……。ある日、実家の冷凍室から空っぽのタッパーが出てきたことがありました。母に聞くと、「あなたが幼稚園のお泊まり会で、お母さんにお土産だと言って雪を持って帰ってきてくれたのよ。それを入れていたから捨てられなくて……」と。私にはただの凍っただけのタッパーにしか見えませんが、母にとっては宝物のようでした。

　そんな話をしていると、父も、私が数年前にあげたバレンタインのチョコを大切に凍らせていることがわかりまし

た。食べきるのがもったいなくて、ひとつ食べて残しておいたんだとか。「いやいや、タイムカプセルじゃないんだから」と思いましたが、時間を超えた贈りものは、もらった時からずっと思い出として膨らみ続けているようです。そんなふうに思ってくれる父や母の気持ちは嬉しいものです。（でも、やっぱり空っぽのタッパーを凍らせていても仕方がないし、チョコは食べてほしい……）

キッチンは、どこか家族のあたたかみを感じられる空間。日々の積み重ねが、そこにはある気がします。ひとり暮らしの今も、買い揃えた食器はなぜか実家にありそうなものを選んでしまうんです。あたたかくて優しいと感じられるものに落ち着くというか、どうしたって惹かれてしまうんでしょうね。思えば、実家のキッチンにもいつも布がありました。ふきんになったり鍋掴みになったり、一枚の布をいろいろな場面で使っていました。

人が集まるところに

テーブルコーディネートにふろしきを取り入れると、食事を味わう空間や誰かと過ごす時間をより豊かなものにしてくれます。料理のテイストやイベントのカラーに合わせてふろしきを選ぶと、視覚も楽しい食事になるはず。そんなふろしきでいっぱいの食卓には、招待したい人の顔がたくさん浮かびます。そして、その誰かを想っていると、その人に似合うふろしきのイメージもどんどん湧いてきます。

私のまわりにいる人たちは、みんな〝おもしろがり屋さん〟。葉っぱがハートに見えるとか、時計を見たら時間が誕生日だったとか、ふしぎなかたちの石を発見したとか、日常の些細なことをおもしろがっています。そんなすてきな人たちと一緒にいると、いつも笑い声があふれて、気づけば元気をもらっています。みんなとても魅力的に感じます。

その人やその場が持つ雰囲気や空気感ってありますよね。みんなのすてきなところをちょっとずつ真似して、それを自分のものにできたら、すごくすてきな人になれるんじゃないかと思うんです。「すてき」のカスタマイズで自分が豊かになるような気がしています。

自分に似合うもの

私は家具屋さんで、いろいろな部屋のモデルを見るのが好きです。部屋の数だけそこに似合うふろしきがあると思うと楽しくなってきます。その部屋に当てはめると格好はつきますが、でも実際にそこで過ごす人の心地よさは、その人にしかわかりません。人から見た「似合う」がいいとは限りませんよね。

部屋は、過ごしていると日々変わります。もちろん散らかることもありますが、振り返ると、一緒に成長してきたように感じることがあります。部屋は、自分を映すのかもしれません。お気に入りのものに囲まれて、お気に入りの人生にしていきたいものです。自分の「好き」や「心地いい」がわかっていれば、迷った時の羅針盤になります。

クッションカバー

部屋のプチ模様替えにおすすめ。色柄や生地の違いで気分や季節感を簡単に変えることができます。

1　広げたふろしきの真ん中にクッションを置き、手前の角をかぶせる。

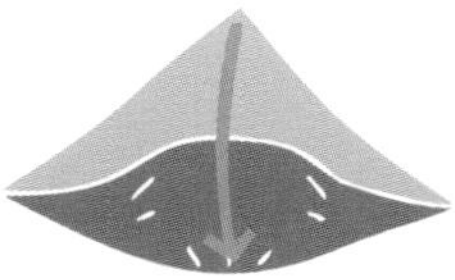

2　奥の角をかぶせ、左右を整える。

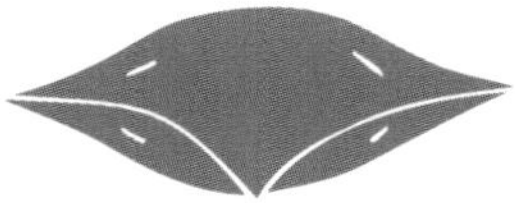

3　左右の角を持ち上げ、中心に結び目がくるように真結びする。

4　かたちを整えて完成。手前に垂れた角は内側に折り込んでもOK。

ティッシュカバー

ボックスティッシュはどんなサイズもOK。高さがあるものも、紙箱ではないフィルム包装タイプも包めます。

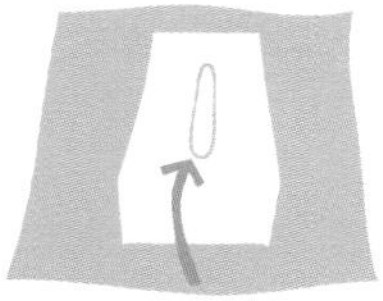

1　広げたふろしきの真ん中にティッシュを置き、手前をかぶせる。

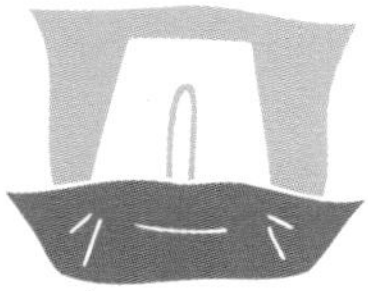

2　手前の両角を持ち上げ、真結びする。

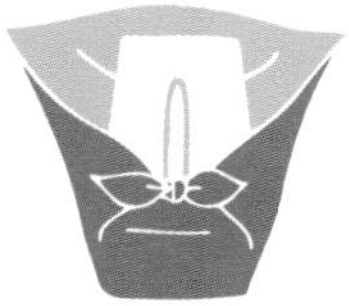

3　奥の端をかぶせて両角を持ち上げ、真結びする。

4　ティッシュの取り出し口のかたちを整えて完成。

時には、ほったらかし

人から「丁寧に暮らしているね」と言われることがあります。ふろしきの「包む」や「結ぶ」という行動に、丁寧で想いが込もった印象があるからでしょう。でも、私は丁寧とはほど遠い使い方をたくさんしています。散らかったカゴにふろしきをかぶせて見て見ぬふりをしてごまかしたり、「ふろしきでいいや」「こんな時こそふろしき！」なんて、いい加減に使ったり。自分にとって〝よい加減〟なら、それでいいと思っています。

私にとっては、自分が楽をするための暮らしの道具。手を抜いて「まぁいっか」と自分を許すための相棒。その関係性を大切にしたいので、いい加減さを都合のいいものにしないために、きれいにかぶせるし、かわいく結ぶようにしています。

目隠しカバー（四つ結び）

結び目で「きちんと感」を演出。カゴに入りきらないものも、包めばきちんとそこに納まります。

1　カゴに広げたふろしきをかぶせる。

2　カゴにものを入れ、端を引っ張って整える。

3　左右の角を持ち上げ、中心に結び目がくるように真結びする。

4　手前と奥の角も同じように真結びをして完成。

バスケットカバー

かぶせるだけでもカバーになるけど、たまにはアレンジを。角を引っかけるのでしっかり蓋の役割になります。

1　バスケットのサイズを確認する。

2　ふろしきを広げて、角をひとつ結びする。

3　すべての角をひとつ結びする。（バスケットが正方形の場合は同じ長さ）

4　バスケットにかぶせ、かたちを整えて完成。

出かける時も連れていく

100㎝の大きなふろしきは、たくさんの荷物をひとまとめにできて便利です。そんな時、私は〝大きなふろしきを背負った人〟になるわけですが、以前は行商人のような姿をイメージしていたので、おしゃれをしても似合わないと思っていました。「便利な布」ではありましたが、大きなふろしきを「かわいいもの」とは思えなかったんです。大きなふろしきを背負う時は、カジュアルで動きやすい服装にして、ふろしきは無地のものを使うようにしていました。色鮮やかな柄のものも販売されていますが、私には薄手に感じて、バッグの代わりというよりエコバッグのような、少し頼りない印象があったんです。そんな感じでなんとなく自分が理想とするふろしきを求めていた頃、ふと手元を見た時にトレンチコートからブラウスの袖のフリルがはみ出していて、「シュークリームみたいだな。これがふろしきだったらかわいいな」と、心にふわっと感じたものがありました。欲しいものは探していても見つからないので作ってしまおうと、それでふろしき作りに「私らしさ」が加わっていきました。

シュークリームを頬張って食べる時って、幸せを感じませんか？　クリームがこぼれては困るけど、たっぷり入っていてほしくて、「クリームよ、落ちるなよ、そこにいて」と思いながら食べるのがなんだか嬉しい……。そんなことを考えながら、トレンチコートで使われる生地と生クリームのような白い生地を使って、幸せな気持ちが今にもあふれそうなふろしきを縫いました。

私は、日常の困りごとをちょっといいほうへ導く時にふろしきを使います。なので、主役よりも脇役のような存在になることが多いですが、ふろしきはとんでもない〝名脇役〟だと思っています。なぜなら使い方次第で主役になることもできるから。シュークリームをイメージしたふろしきは、おしゃれをして出かける時こそ連れていきたくなるものになりました。

ちょっとそこまでのお供

スーパーやコンビニ、散歩など、ちょっとした外出は、ふろしきをさっと結んだバッグで身軽に出かけます。買い物先で荷物が増えたり、郵便局で荷物を預けて中身が減ったりしたら結び変えてサイズや形を調整し、荷物がなくなったら畳めるところも便利。〝ズボラに見えない楽〟を見つければ、身構えることなく心ものびのびした気分でいられます。

しずくバッグ

ころんとした形がかわいい基本のバッグ。あっという間に作れて、袋にポイっと入れるような感覚で気軽に使える定番の結び方です。

1
表に広げたふろしきを三角に折る。

2
左右の角をそれぞれひとつ結びする。
この時、角を長めに残しましょう。結び目の位置でバッグのかたちが変わります。

3
ふろしきの表裏を返し、左右の結び目をなかに入れ込む。

4
残ったふたつの角を真結びし、持ち手をつくる。かたちを整えて完成。

キャリーバッグ

大きなふろしきでしずくバッグ（p.46）を作り、頭を通すとボディバッグのような斜めかけに。口が大きく開いて便利です。

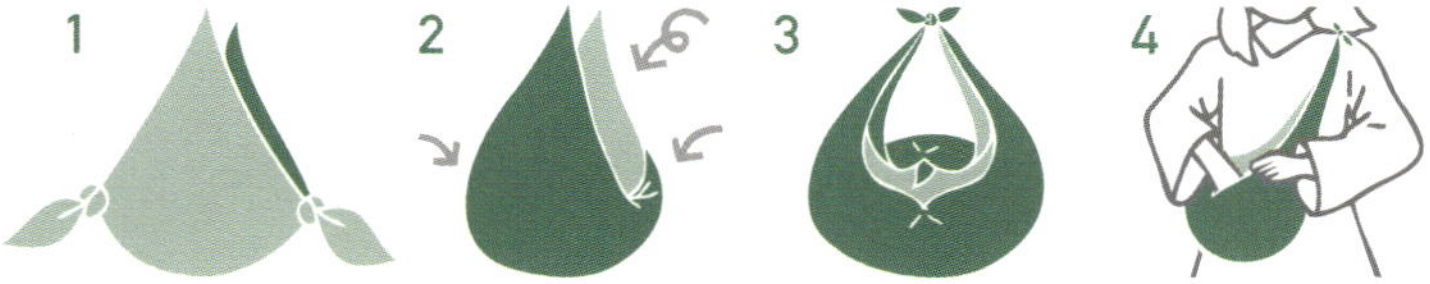

1 しずくバッグ（p.46）の手順2から始める。

2 ふろしきの表裏を返し、左右の結び目をなかに入れ込む。この時、結び目が正面になるよう向きを変えてかたちを整える。

3 残ったふたつの角を真結びする。結ぶ位置で長さが調整できます。

4 輪に頭と片腕を通して斜めかけにする。かたちを整えて完成。

安全で安心のポケット

「ポケットに財布が入らない」「服にポケットがなかった」という困りごとも、ふろしきの出番。以前、ふろしきのポケットにみかんを入れている写真をSNSに投稿したら、それを見てカリフォルニアから会いに来てくださった方がいました。農業の仕事に最適な方法で感動してくださったんだとか。海外旅行で貴重品を肌身離さず携帯したい時には服の下で結んでもいいですね。

ベルトポーチ

ハンカチサイズの小ふろしきを、パンツのベルトループに結びます。座ったりかがんだりしても邪魔になりません。

1 図のように、パンツのベルトループにふろしきの隣り合う角を通す。

2 下に垂れた角を持ち上げ、ベルトループに通した向かい合う角と真結びする。

3 残った角も真結びして完成。

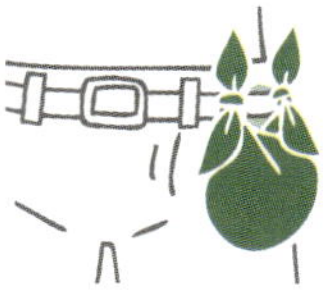

ベルトループではなく、ベルトに結んでもよい。

カンガルーポケット

庭仕事や洗濯物を干す時などに便利な大きなポケット。袋が深いので荷物が飛び出す心配もありません。

1 図のように、ふろしきの裏を向けて体のうしろで真結びする。

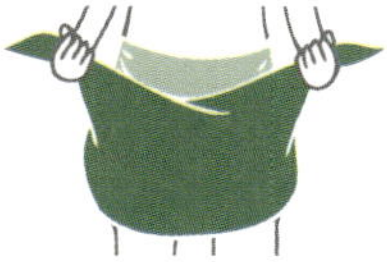

2 垂れたふたつの角を持ち上げ、袋になるよう寄せてかたちを整える。角は長めに残してOK。

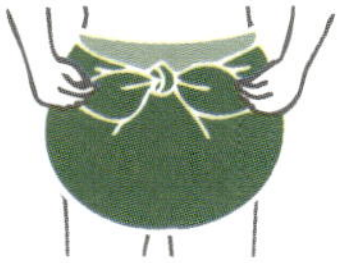

3 体の正面で真結びする。

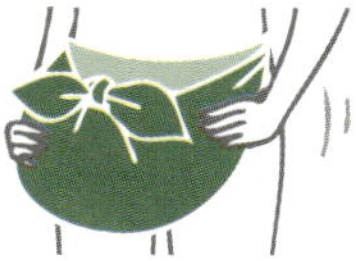

4 体の左右どちらかに寄せるように回し、動きやすいよう整えて完成。

ふろしきと一心同体

重い荷物を運ぶ時は、ふろしきで荷物を包んで背負い、できるだけぐっと体に近づけて結びます。ふろしきはこうしてリュックにもなるわけですが、リュックを背負うというより、子どもをおんぶしているように感じることがあります。どんな体格でも、ふろしきが自分にもたれかかるように馴染むからでしょうか。ぴったり寄り添い、気分は一心同体です。

リュックサック

ナップサックをアレンジしたような作りで大容量。荷物の大きさや形で肩ひも部分の長さが変わります。

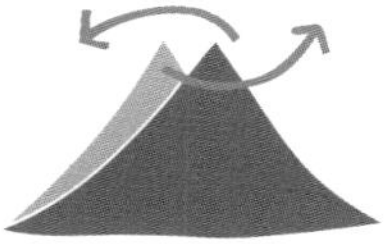

1　裏に広げたふろしきを三角に折り、上の角を図のように交差させる。

2　☆の角を真結びして輪をつくる。結ぶ位置で長さが調整できます。

3　★の角も2と同じように真結びして輪をつくる。

4　荷物を入れてかたちを整えたら完成。ふたつの輪に腕を通して背負う。

メッセンジャーバッグ

荷物がいくつもある場合は、別のふろしきでまとめてから包むのがおすすめ。中身が飛び出る心配もありません。

1　広げたふろしきの真ん中に荷物をまとめて置く。

2　手前と奥の角を持ち上げ、中心に結び目がくるように真結びする。

3　残った角を真結びし、かたちを整える。結ぶ位置で長さが調整できます。

4　頭と片腕を通して背負う。2の状態で背負い、体の正面で結んでもOK。

アウトドアシーンにも

ふろしきは部屋を彩るだけでなく、野外でも活躍します。以前、イベントでふろしきを買いに来てくださった男性から、キャンプで使うふろしきを作ってほしいという依頼がありました。大きい荷物や、道具をひとまとめにして背負えるふろしきを探していたようです。男性がキャンプ道具を包んで背負うとなると、大判で丈夫なことが絶対条件ですが、市販のものだとサイズや生地の厚さなど、ちょうどいいものがなかったんです。そこに居合わせたほかのお客様から、男性が使うふろしきをもっと作るべきだと応援の声をいただいたこともあって、オーダーメイドで帆布《はんぷ》のふろしきを作ることにしました。

最初に作ったのは、もちろんキャンプで使えるふろしき。注文を受けた3m近くある大きなふろしきはハンモックになるそうで、「このふろしきは男のロマンだ！」と喜んでくださいました。ふろしきは日本の物流に大きく貢献しましたが、帆布のふろしきはその原点を思わせるようで「最高だ」とも言ってくださり、その言葉は今も制作の支えになっています。その方がふろしきを背負ってバイクに乗る姿は、とてもかっこいいんです。

自転車とも相性バッチリ

自転車に乗る時はリュックスタイル。信号待ちで水分補給をしたり道を調べたりするのに荷物を出す時は少し不便なので、ドリンクホルダーを作ります。写真のふろしきは、自転車の車輪でペインティングしたオリジナルふろしき。お気に入りの一枚です。

ドリンクホルダー

ブレーキの操作を邪魔しないよう十分気をつけて、ハンドルに結びます。ケーブルを巻き込まないように位置を調整しましょう。

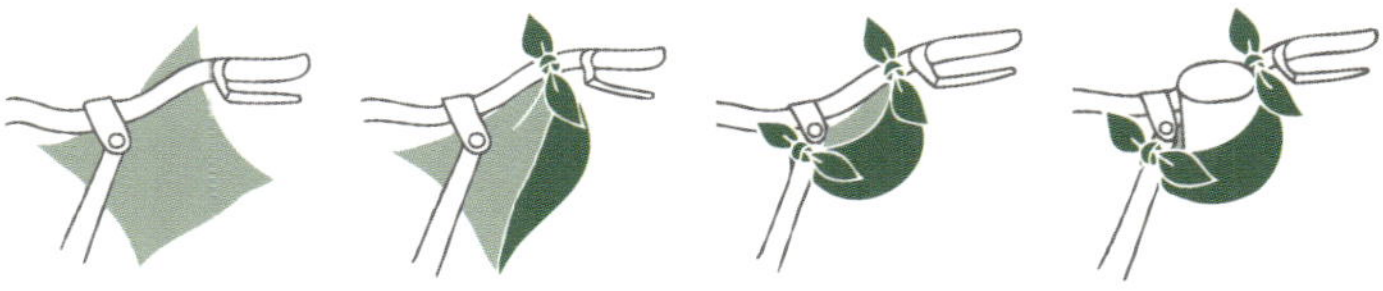

1 図のように、自転車のハンドル部分でふろしきを広げる。

2 ハンドルを挟んで向かい合う角を真結びする。

3 残りの角も自転車のフレームを挟んで真結びする。

4 かたちや位置を整えて完成。

サドルカバー

傷や汚れを隠せるサドルカバーは、ふろしきで自分好みにカスタム。雨が心配な時は防水・撥水加工のふろしきがおすすめです。

1

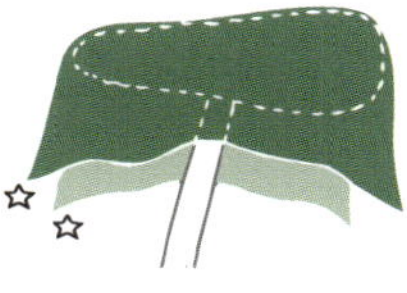

図のように自転車のサドルにふろしきをかぶせ、☆の角をサドルのフレームの後ろで真結びする。

2

★の角を、サドルのフレームの前で真結びする。

3

たるみがないよう、しっかり結べていれば完成。

旅の必需品

スーツケースのパッキングって、気分や性格がよく表れますよね。私は、着替えや仕事道具、メイク道具、手土産など、アイテムごとに分けるタイプ。仕分けにはポーチや袋、そしてふろしきを使います。荷物を詰めるのはパズルのようですが、ふろしきだと隙間にぴったり合う形を作れるので簡単です。

ふろしきは宿泊先でも大活躍。部屋を空ける時、ごちゃごちゃした荷物にかぶせたり、ひとまとめにしたりして目隠ししておけば、ベッドメイキングや客室清掃が入っても安心です。出しっぱなしだと好意で片付けてくださることもありますが、「ここは触らないでね」と伝えることができるでしょう。ふろしきは内と外を分けることに加えて、それを守る役

割も担ってくれます。
帰りにお土産が増えた時も、ふろしきで包みます。スーツケースに結ぶこともできるので土産店の紙袋を抱えるより、ずっと楽に運べるんです。
旅の支度は心配が付き物で、「もしかしたらこれが必要になるかも」「念のためにこれも持っておこう」と、気づいたら荷物が増えていますよね。でも、「もしも」や「念のため」の心配ごとは、ふろしきを一枚持っていることで安心に変わります。ふろしきは何にだってなれるんです。

自転車で出かける時も、ふろしきがあれば楽ちん。出先で荷物が増えても、さっとひとまとめにして背負い、安全に運べます。

洋服を持ち運ぶ

仕事の出張や冠婚葬祭、クリーニング店に行く時など、洋服を持ち運ぶ機会って案外あります。紙袋に入れるとシワになるし、スーツカバーだとワンピースがうまく入らなかったり、その洋服を着てしまえばカバーが邪魔になったり、困る場面も……。そんな時こそ、ふろしきです。いったい、一石何鳥になるんでしょう。ものすごいポテンシャルです。

洋服カバー

大切な洋服の汚れ防止・ホコリ除けに。裾の長いワンピースも、これならコンパクトに吊るすことができます。

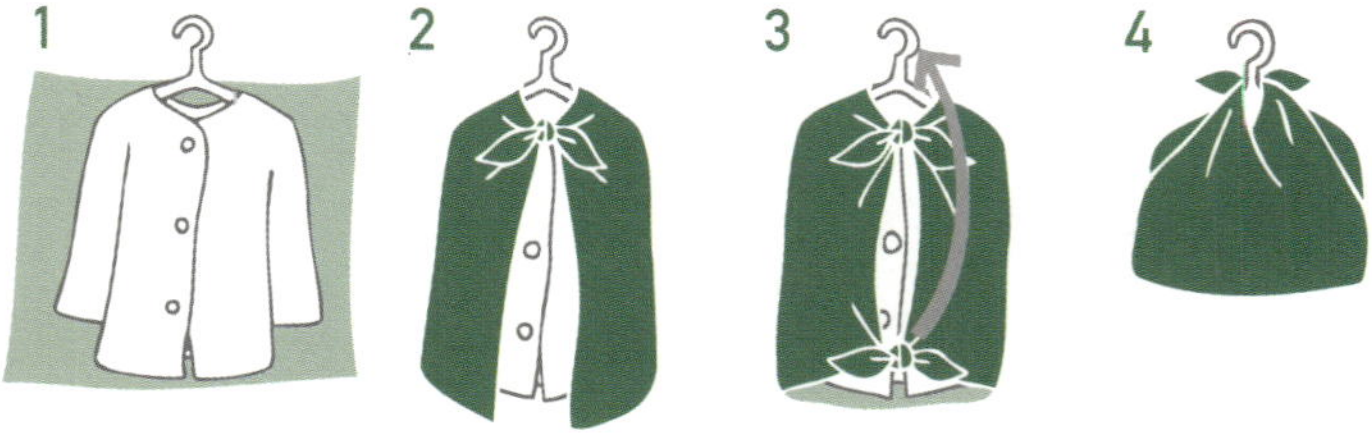

1 ハンガーにかけた洋服の後ろに、ふろしきを裏にして広げる。

2 上の左右のふたつの角を、正面で真結びする。

3 下も同じように真結びし、結び目を持ち上げる。

4 持ち上げた結びをハンガーのフック部分にかける。かたちを整えて完成。

Column 2

包んで守る

ふろしきと言えば冠婚葬祭で使用する「袱紗」をイメージする人もいるようです。袱紗には角に爪がついているものがあり、開かないよう留めることができて便利です。ふろしきに爪や紐、ゴムやボタンをつけることも、活用アイデアのひとつ。

カバンのなかに荷物を入れていて、次のようなことが起こったことはありませんか？

・本をそのまま入れていたら角が小さく折れてしまった
・本や手帳の表面にひっかき傷がついてしまった
・財布やキーケースなど、革にペンのインクがついてしまった
・革小物が濡れてシミになってしまった
・ペットボトルの水滴で手帳やノートを濡らしてしまった

こうした紙や革の汚れ・水濡れ・傷の問題を防ぐには、ブックポーチや巾着に入れたり、クロスで包んだりすればいいのですが、なかなか面倒。お気に入りの革財布も、最初は気をつけていたのに、面倒くさがって「今日はいいや」と巾着に入れなかった日に限ってボールペンの先が当たって汚れたり、荷物同士が擦れて傷ができたりするんですよね。

広げたふろしきをパタパタと折るように包み、紐を巻きつけたり、ゴムをボタンに引っかけたりしてカバーができれば、ポーチや巾着ほどの手間はなく、かさばることもありません。

(CHAPTER 3)

人に寄り添う

「ふろしきがあってよかった」と思う場面は
家でも外でもしばしば。
いつも助けてくれて、ありがとう。
今日はどんなふろしきと出かけようかな。

軽やかに過ごす

時間に追われて余裕なく過ごしていると、気づけば適当な生活をしていることがあります。できればゆっくり読書をしたり散歩をしたり、掃除だって隅々までしっかりやりたいんです。でも、できない時はできない。ほどよくいい加減なところも自分らしさかな、なんて開き直っていました。それでも、よく考えるとそんなに難しいことではないんですよね。私の場合、多くは面倒くさがっているだけ。本当は心安らぐ時間を求めているのに、余裕がないことを言い分けにして面倒くさがっている。そんなことに気づいてから、余裕がないと感じる時こそ頑張って少し早起きし、ゆっくりカフェオレを飲むことにしました。

コーヒーとミルクを半分ずつ、はちみつも加えます。朝がちょっと特別になると、なんだかいい一日になりそうな予感がしてきます。楽しみなことを自然と考えるようにもなりました。余裕なんてなかったはずなのに、掃除機をかけてから家を出ようと思ったり、なんとなく本を手にとってたり、お香をたいてみたり、なぜか体が動いて気分が変わっています。ここまでくれば、「いい一日になりそう」という予感も、期待や自信に変わっています。「忙しい毎日」を向いていた磁石の針は、くるりと向きを変え、自分が楽しいほうへ、心地のいいほうへ引き寄せられていきます。

ほんの少し頑張って「えいや!」という気持ちで動いてみると、自分の心地よさはどんどん相乗していくようです。面倒くさがりな自分も肯定したうえでハッピーな気持ちでいられると、なんだかもう数センチ大きな歩幅で歩けそうです。都合よく「自分らしさ」を決めつけることは、とてももったいないことなのかもしれません。

あたたかさを纏う

これまで共通言語がない方や文化が違う方、耳が不自由な方や認知症の方など、たくさんの方に教える機会がありましたが、手指が不自由なお客様に出会ったら、どうすればいいだろうと考えます。その時になってみないとわかりませんが、私は何も変わらず結び方を教えるでしょう。その方が結べなくても結んでお見せします。その方が結び方を知っていれば誰かが代わりに結んでくれるかもしれないし、ふろしきの魅力を伝えてくれるかもしれない。それに、その方ならではの使い方もきっとあるはずです。

ふろしきは身につけることもでき、体格に合わせることができます。ふろしきを纏うと、優しさやあたたかさにも包まれるような感覚に落ち着きます。

羽織り

肌寒い時や夏の日差しよけに便利な羽織り。袖が広いので、どんな洋服の形でも納まりよく着ることができます。

1

ふろしきを裏にして広げて、向かい合う手前と奥の角を真結びする。

2

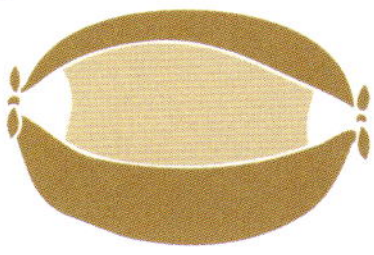

残った角も真結びする。ふたつの輪に腕を通して羽織る。

3

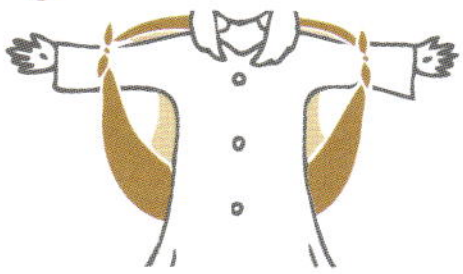

かたちを整える。

羽織りの結び方をアレンジしてバッグにすることもできます。

外側から袖の輪に左右の腕を通し、反対の輪をつかみます。輪を交差させるようにして手を引くと、バッグの持ち手になります。荷物を入れてかたちを整えましょう。

羽織りの結び方の手順1で向かい合う角を結ぶ際、先からどれくらいの位置で結ぶかでバッグの大きさが変わります。

人にも、自分にも優しく

ふろしきは、「今の時代に大切」「時代に合っている」と言っていただくことがあります。合っているといいなと思いながら、今の時代だからこそ、ふろしきの魅力を伝えていきたいと、日々感じています。

と言うのも、最近はＡＩが資料を作成したり絵を描いたり、食事を運んだり、代わりに働いてくれることが増えていますよね。わからないことがあったらすぐに教えてくれるし、ＡＩを使いこなせるととても便利です。でも、人が人である限り、自分で考えてどうにかしなければならないことは変わらずあると思うんです。対人関係の問題は特に。そういう時は知識や経験が頼りです。「こうすればよかったのかも」と気づけるかどうか、「もっとこうだったらいいのに」と思えるかどうか、「今度はこうしてみよう」と考えられるかどうか……。その力はなくしてはいけないと思うわけです。

ふろしきは、自分を飼いならすための道具でもあります。想いや考え、アイデアをもって手を動かしていくと、クリエイティブな発想を高めてくれます。そして使っているうちに、状況を受け入れたり考えたり、試行錯誤したりすることがじょうずになっていきます。結んだり包んだり、身につけたりすることでちょうどいい力加減も覚えるし、自分の「心地いい」や「ちょうどいい」がわかってくるんでしょうね。そんな気づきの積み重ねによって、人との関わり方や自分自身の生き方、トラブルなんかにも柔軟に対応できるようになっていきます。

何かにつまずいたり、ブレてしまったりしても、ふろしきのように私たちは何度でもやり直せます。自分を見失うことがあっても大丈夫。自分の気持ちを結んだりほどいたりしているうちに、考えたことや感じたこと、その経験は自分のなかの小さな引き出しに納まっていきます。それらは力の源。きっと自分を助けてくれます。

使い方は自分次第

以前、クルーズ船に乗船してふろしき講座をした時、マダムがプールでふろしきをスイムキャップにされていました。髪が濡れないことや締め付け感がないこと、プールの楽しみ方など、その方のその場面には、ふろしきがちょうどいいようでした。自分で見つけた「ちょうどいい」は間違いありません。

ベレー帽

結ぶ位置を調整して自分の頭のサイズに合わせられる、使い勝手のいい帽子。髪をまとめて入れ込んでもOK。

1

ふろしきを裏にして広げて、角をひとつ結びする。

2

すべての角をひとつ結びする。

3

ふろしきの表と裏が変わるようひっくり返す。この時、結び目は内側に入る。

4

結び目が左右になるよう向きをかえてあたまにかぶり、かたちを整える。

パンこね帽

サイズ調整が簡単な帽子。自宅でヘアカラーをする時、ビニールのキャップの上からカバーとしてかぶるのもおすすめ。

1 ふろしきを裏にして広げて、手前のふたつの角をそれぞれひとつ結びする。

2 結び目が後ろになるよう頭にかぶる。

3 位置を決めて、残った角を正面で真結びする。

4 かたちを整える。

忍者ずきん

子ども向けのふろしき講座で大人気の結び方。大掃除をする時や被災時など、髪や口元を粉塵から守ることもできます。

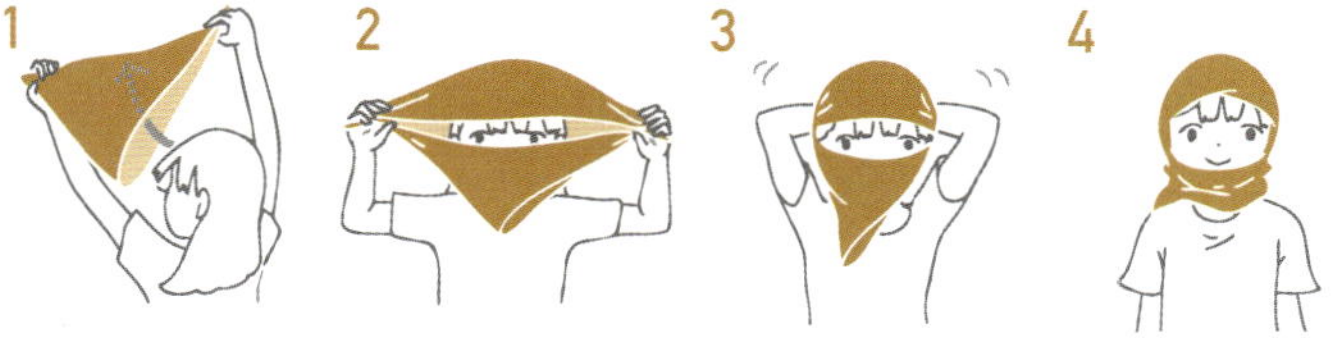

1 裏に広げたふろしきを三角に折り、図のように頭を入れる。

2 目元が出るように位置を調整する。

3 頭の後ろで真結びし、かたちを整える。

4 正面に垂れた角を首に巻くようにする。口元は出すこともできる。

ふろしきを広げる

ふろしきは一枚の布。平らなところに広げるとまっすぐ薄いままで、箱を包むと箱のかたちになります。かぶせたり包んだり、巻いたりするものに合わせてかたちを作るので、〝中身のいちばん外側〟とも考えられます。

ふろしきのバッグには案外たくさんのものが入るので、ついつい荷物を詰め込みたくなります。でも、なんでも好きに詰め込んでしまうと見た目はでこぼこして、バッグのなかがごちゃごちゃしている様子が外からでもわかってしまいます。うまく入れるコツは、下から上に、積み重ねるように荷物を入れること。ポイントは、「バランスよく」です。荷物を取り出す時も、手を入れてかき混ぜるのではなく、そっとスマートに取り出すようにします。

ふろしきをバッグにして使っていた時、自分の「心の状態と似ている」と感じたことがありました。心のなかには、さまざまな感情や感覚がいろいろなかたちで存在します。トゲトゲした感情を無理やり丸め込んでもすぐにバレてしまうし、バランスが偏ると不自然な歪みが起こってしまいます。スペースがある時には余裕があるからと不要なものまで抱えてしまうこともあるし、ずっときつく結んだままにしていると結び目が伸びてしまい、シワがついたままに……。心がそんな状態になった時には、ふろしきのように結び目をほどいて広げてみます。中身と向き合って整理し、必要なものだけを心のなかで包み、結び直すんです。中身によっては、ぎゅっときつく結んで背負うようなこともあるかもしれません。ふろしきは中身のいちばん外側。そう考えられたら、見た目も中身も同じくらい大事に思えてきます。

ピンチを助けてくれる

何気ない日常のなかに、「ちょっとした困りごと」って起こりますよね。相談したり悩んだりするほどではない、ちょっとしたこと。私は、配送する荷物を郵便局まで持っていく時に、ちょっと困ります。持ち手のない段ボールは抱えるしかないですが、大きければ大きいほど持ちづらく、重ければさらに大変です。足元も見えず、手もふさがってしまいます。そんな時、大きなふろしきで段ボールを包めば、片手で持ち運ぶことができるようになるんです。大きなものや持ちづらいものを運ぶ時、ふろしきは大活躍。額縁に入った、そこそこ大きな絵を運んだ時もそうでした。

友人が絵を描いてプレゼントしてくれた時、大きめのふろしきを持っていて本当に助かりまし

た。絵の包み方は習ったことがなく、薄くて大きな荷物を包んだこともありませんでしたが、大きさや形に合わせて、手を動かしながら結んでみると、なんなく包むことができました。結び目が持ち手になって運びやすくなり、中身も傷や汚れから守ることができました。ふろしきに助けられるたびに、「一枚持っていてよかった」「結び方を知っていてよかった」と感じています。助けられた日は、誰かが手助けしてくれたのと同じように、「今日はありがとう」という気持ちで役目を終えたふろしきを畳んでいます。その一枚の布を見て、私も誰かが困っている時にそっと手を差し伸べて、さらっと困りごとを解決できる、そんな人になれたらな、なんて思っています。

ふろしきを自由に結べるようになって気づいたことは、ただ結び方がじょうずなだけでは、うまくはいかないということ。困りごとがあった時、何に困っていて、どう解決したいのかがわかっていないと、どう結べばいいのかわかりません。状況や自分の気持ちがわかっていなければ、途中で手も止まってしまうんです。そうやって困りごとに向き合ってふろしきを結ぶ時、ふろしきと目が合っているような気がしています。

魔法使いの心得

私はいつも、ふろしきを持ち歩いています。カバンに入れていたり何かを包んでいたり。羽織ったりベルトにしたりと、身につけていることもあります。それでも人に貸して手元にない時や、もう一枚必要になった時は、ハンカチや手ぬぐいなど、代わりになりそうなものを使います。手ぬぐいは細長く、かたちは違いますが、普段から包み、結ぶことを当たり前にやっていると簡単に使いこなすことができます。

私はふろしきに出会った時、魔法を手にしたようなわくわくした気持ちでしたが、それは未だに消えていません。ふろしきの魔法に自分がかかっているような気もするし、今は自分がふろしきの魔法を使えるようになった気もしていま

す。だから、ほうきで空を飛ぶ魔女がデッキブラシでも飛べたように、自分がふろしきの魔法を使えるなら、きっとなんでもふろしきにできる気がするんです。自分の気持ちを包む、心のふろしきをもつ感覚もそういうことです。

昔、テレビから「良い消費者になってはダメだよ」という言葉が流れてきたことを印象強く覚えています。好きなものがお金で買えるなら手に入れることができますが、大切なのはそれをどうするか、という話でした。手に入れただけでは、ただ消費しておしまい。そこから何を生み出すか、自分がそれをどうするかが大事だと。本だって同じですよね。買って読むだけなく、何を受けとるか、そこからどうするかが大事。

私はふろしきの魔法をどう使おうか。今は、ギフトをすてきに包むことや誰かの困りごとを助けたりして、いつかの私のように、誰かの心を動かせたらいいなと思っています。ふろしきの魔法は、早起きをして飲むカフェオレのように、ちょっといい未来を運んできてくれます。そんな未来を届けられるように、魔法を正しく使える、強く優しい魔法使いでありたいと思います。

複数のふろしきを組み合わせることも、頭が柔らかくなれば自然と思いつくように。一枚だけで、どうにかしようとしなくたっていいんです。

「できない」を「できる」に

ふろしきはバッグになりますが、私はいつもふろしきバッグで出かけるわけではありません。荷物の多い日はトートバッグに適当に放り込み、大容量と丈夫さの安心感とともに出かけます。ほとんどのお出かけはそれで大成功なのですが、外出先で荷物が増えたり傘をさしたりする時に、「ショルダーバッグにしていたら……」と思うことがあります。そんな時は、トートバッグを斜めかけに。ふつうならそんなことはできませんが、ふろしきがあれば可能です。「できない」「無理」と決めつけていたことも、意外な方法で解決できることってありますよね。頭を柔らかくして考えなければ、なかなかたどりつかないので、簡単なようで難しいところ。

ストラップ

持ち手がないものや持ち手を伸ばしたい時は、紐として活用。持ちやすい幅になるよう折って結びます。

1

裏に広げたふろしきを三角に折り、角をくるくると端まで折って帯状にする。

2

紙袋やバッグの持ち手に通す。

3

真結びして輪にする。結びの位置で長さが調整できます。

4

輪をまとめて持ち上げる。

日々、「もっとこれがこうだったら」と思う瞬間はよくあります。そんな時、自分のなかにある「固定観念」や「決めつけ」という結び目をほどいて頭を柔らかくして考えてみると、「なんだ、こんなことでよかったの?」と驚くような結末を迎えることがあります。ふっと力が抜けて気がゆるみますよね。結び目がきつくならないよう、心と頭に少し余白を作るために、私はふろしきを携えています。

もしもの時にも

雨の日は、土やアスファルトが濡れて「雨の日のにおい」がしますよね。どこか癒され、いつもの景色も少し違って見えたりします。雨の日があるからこそ気づけることがあったり、一度立ち止まったりもできるので、私は雨の日が好きです。「あいにくの天気」「雲行きが悪い」など、どうしても雨天はネガティブに言われがちですが、雨の日には雨の日の楽しみがあるものです。

私は以前、雨の日にはレインブーツを履いたり、靴に防水スプレーをかけたりし、服は洗濯すればいいので「濡れてもいいや」と思えるものを、カバンは「どうなってもいいや」くらいに思えるものを選んでいました。「今日の服に合わせたいのはこれなのに」と思っても、お気に入りのカバンを選ぶことはできなかったんです。でも、ふろしきに出会い、さらに言うと、布には撥水加工を施したものがあると知ってから、雨の日でも好きなカバンを選び、ふろしきでカバーをするようになりました。

雨の日のふろしき選びも、また楽しいんです。子どもの頃、傘やレインブーツが使いたくて雨の日を楽しみに待ち、やっと使える日には嬉しかった記憶があります。撥水加工のふろしきを手にした時、そんな子ども心を思い出しました。

そういえば数年前、お茶の先生に〝利休七則〟を教わったことがありました。用意や備えの大切さを説く「雨が降らずとも傘の用意」というフレーズ。雨の日に限ったことではなく、どんな時でも落ち着いて対応できるよう素直な心と備えをしておくように、という話でした。私にとって、それはもちろんふろしきです。撥水ふろしきを手にしてから、備えはより心強くなりました。

子どもにも優しい存在

ふろしき講座には、お子様を連れて一緒に参加してくださる方もいます。お姉ちゃんとお母さんの後ろにずっと隠れて様子を見ていた4歳の女の子に、講座が終わったあと、「この荷物、包んでくれる?」と片付けのお手伝いをお願いしたことがありました。その子が扱うにはとても大きなふろしきでしたが、全身を使って包んでくれました。真結びは〝ぐるぐる結び〟になっていましたが、包み終えると、それを背負ってキャーキャー言いながら私のまわりを走り回っていました。子どもにもふろしきのよさが伝わったようで嬉しい時間でした。

汚れたものを包んだり、授乳ケープにしたり、ベビーカーの日よけやブランケットにしたり、ふろしきは子育てにも万能です。

Column 3

防災に役立つ

災害やいざという時にも、一枚の布があれば大助かり。避難時用の防災バッグにも、ふろしきをぜひ入れておいてください。特に、水を弾く撥水加工を施しているふろしきは重宝します。

ふろしきはバッグになって荷物を運べます。ということは、バケツ代わりに水を運んだり泥を運んだりする袋にもなり得ます。防水加工ではないので、ぎゅっと絞るようにすると布の隙間から水が出てきて、手洗いや食器洗いの際のシャワーとして使うことも。

ほかにも、役立て方は無限大。

・ケガをした腕を三角巾のようにして固定
・細く巻いてロープに
・大きなふろしきはシェードや仕切りのカーテンに
・避難所での授乳ケープに
・口元に巻いてマスクの代わりに

もちろんこの本で紹介した、包んだり覆ったり、敷いたりかけたり、吊るしたり拭いたり、運んだり纏ったり、そういった使い方は災害時にも知っておくと役立ちます。

どこかに避難することになった時は、たくさんの荷物を持ち出せないので、そういう意味でも一枚で何役にもなるふろしきは防災にぴったり。いつどこで、どんな災害に見舞われるかわからない昨今だからこそ、柔軟な考えも備えておきましょう。

CHAPTER 4

ふろしきで包む

思いを込めるって、こういうことなのかも。
そんなことを考えながら包むと、
ふろしきもなんだかいい顔をしているような。
自分も相手も、いい気持ちでいたいですよね。

相手と心を通わせる

ある日イベントでふろしきを販売していた時のこと。耳が不自由なお客様から、「この結び方を教えて！」と筆談でのリクエスト。その後のやりとりは筆談ではなく、手を動かしながら、ふろしきの結び方を教えました。お互い困ることもなく気づけば2時間以上、ふろしきを使って会話していた気がします。帰り際になって同郷だとわかり、さらに距離が縮まりました。

「ひとりで東京に？　えらいね！」と、そんなことを言ってくださっているのがわかり、私は「あなたのほうが」と思いながら、その言葉を心のなかに引っ込めました。左の写真みたいに結びを反対に向けて切り返すように。すっと結びをほどいてもう一度やり直すような気持ちで……。耳が聞こえないことを大変だと思っているかどうかは本人にしかわからない。それに、ついさっき一緒にふろしきを結んだ時は大変ではなかったはずだから。

そのお客様は何枚もお買い求めくださり、チェコのご友人への贈りものにすると教えてくださいました。耳が聞こえないお客様と、言葉も文化も違うお客様のもとに、私のふろしきが旅立つ。言葉が聞こえなくても、通じなくても、ふろしきのよさはきっと伝わる気がしました。そうやって、ふろしきで縁が結ばれていくのは嬉しいものです。何か伝えたい想いがあること、伝えたい相手がいることはとても幸せなことで、伝える方法は必ずしも言葉だけではないんですよね。そんな当たり前なことを改めて感じる機会になりました。最後に「頑張ってね。応援してるよ」とエールをくださったあのお客様に、いつかまた再会できる日を楽しみにしています。

教えることは教わること

ふろしき講座には20代から80代まで老若男女が参加してくださいます。また、海外の方に教えることも。フランスやイギリス、ドバイやアラブとオンラインで実施したこともありました。海外の方向けのふろしき講座は毎回驚きの連続ですが、同時に、自分の視野が狭くなっていないか、考えが固くなっていないか、確認作業の時間でもあります。

ティッシュカバーとペットボトルカバーの結び方を教えた時は、参加者のみなさんにティッシュとペットボトルを用意してもらいました。そうしたら国によってかたちやサイズがまったく違ったわけです。ティッシュは紙の箱に入ったものもあればビニールで包まれたものがあったり、ペットボトルはとてもスリムなものがあったり……。

考えてみれば、日本だってメーカーによっていろいろなのに、つい自分の頭のなかに思い浮かべた姿を前提として先々の展開を考えてしまっていました。結び方を教えたあとには、「我が家ではティッシュはテーブルに置かないで壁にかけるから」と言って、バッグのようなかたちにアレンジしている方がいて、またもや「ティッシュはこうするもの」だと決めつけてしまっていた自分に気がつきました。

海外へ向けた講座では、なるべくその土地の暮らしで使えるような方法を教えたいと思っています。たとえばフランスの講座では、フランスパンを包みました。そうするとやはり、私が考える「こうするといいかも」とは違うアイデアが出てきておもしろいんです。

アラブの講座では、日本文化が好きな女の子が、日本のアニメキャラの人形にふろしきを着せる方法を教えてほしいと言ってくれたことがありました。帽子の結び方を教えると、「こんな帽子はどう?」と、やはりその土地らしい帽子のかたちができていきました。教えているようで、いつも教えられてばかりです。

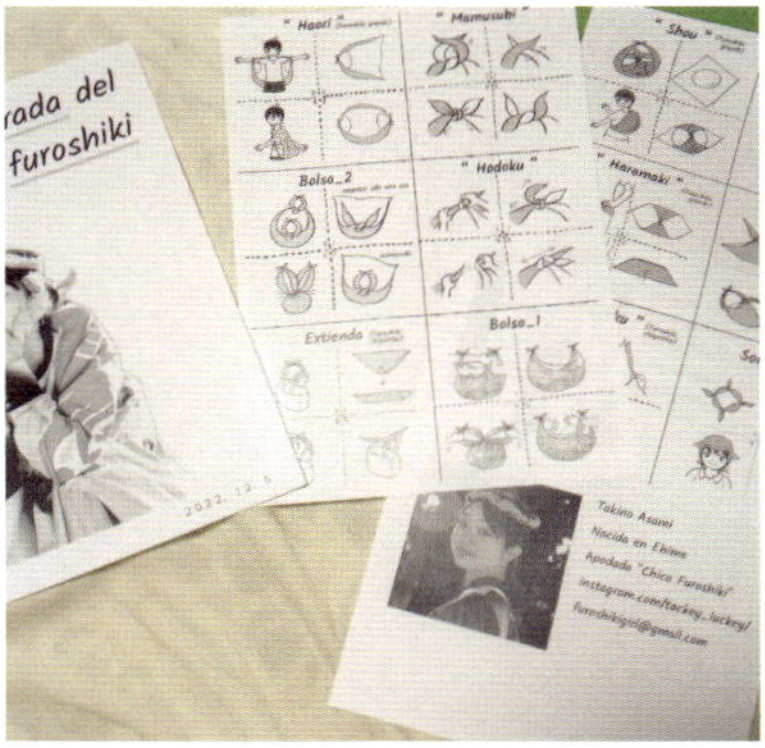

ふろしき講座で使うパンフレットをスペイン語に。海外の方が知っている日本語に「furoshiki」が加わるのは、とても嬉しいことです。

言葉と意味の結びつき

会社員として働く私は、二足の草鞋《わらじ》でふろしきの活動をしていますが、「どっちが本業?」と聞かれることがしばしばあります。「仕事は?」と聞かれると会社員をしているほうを答えがちですが、それは職業を聞かれていると思っているからです。何かのアンケートで職業欄を問われているのと同じ感覚です。でも、「何をしている人？」と聞かれると、ふろしきの話をしたくなります。言葉の意味は、状況によって変わるから難しいですよね。日本語はそれをより強く感じます。

以前、ふろしき講座を受けてくださった方が『生きがいについて』(みすず書房)という本をすすめてくださったことがありました。精神科医であり文学者の神谷美恵子さんの本。〝生きが

い”は日本語だけにある言葉らしく、「いかにも日本語らしいあいまいさと、それゆえの余韻とふくらみがある」とありました。「生きがい感」を含むとも……。この本を読んだ時、ふろしきの日本らしさが少しわかった気がしました。

日本語は同じ言葉でも状況によって意味が変わると同時に、意味合いを含んでいることがあります。ちょっと曖昧にして相手に解釈を任せているんです。それが日本語の奥深さであり、思いやりなのかもしれないと、ふろしきに重ねて腑に落ちたところがありました。もちろん、はっきり伝えなければわからない場面もあるし、曖昧さが無責任に転じることもあります。伝える立場にいる時も、受け取る立場にいる時も、しっかりとその心を見つめていたいものです。

ちなみに、本をすすめてくださった方は90歳、人生の大先輩です。「生きがいがある人って人生豊かだと思うわ」「昨日よりも今日の自分が賢くなるように学ぶのよ」「何が生きがいになるかなんてわからないわよ。だから人生はおもしろいの」なんてことをさらっと言ってしまうような、パワフルな方です。

ふろしきで贈る

「ふろしきをプレゼントしたのに全然使ってくれている気配がない。ふろしきのよさが伝わらなくて寂しい」と、お客様から相談されたことがありました。

ふろしきで包み、贈りものをすることは心配りのひとつ。せっかく配った心を大切にされていないと感じてしまったのでしょう。相手に気持ちが届かないことは悲しいですが、「よかれと思って」が必ずしも相手に喜ばれるとも限りませんよね。心配りの難しいところです。

自分が誰かに心を配ってもらった時には、きちんと受け取れる人でありたいですが、それも簡単ではありません。人が与えてくれたものを、なんとなく横へ流してしまうような、余裕のない時は誰にでもあります。「これ、すごくいいな」「嬉しいな」と感じるには、心の余白が必要です。疲れていたりタスクに追われていたりすると、「ふろしきって便利だよ」と教えてもらったところで、「へえ～」と思っておしまいです。

余裕がないはずなのに何か心に引っかかるものがあったなら、それはきっと自分の心の真ん中が反応しています。私がふろしきに出会った時がまさにそうでした。のんびりした印象が嫌味っぽく感じてしまったあの時です。「はいはい、ふろしきね。おばあちゃんの家のタンスにあるやつ。私には関係ないかな」と流すこともできましたが、心の真ん中の素直なところが「この出会いは逃してはいけない」と感じたのでしょう。あの時、しっかりとそれを受け取ることができて、本当によかったと思っています。

いつ、何が自分の人生を変えるかわかりません。大切なものをつかまえるためにも、心の真ん中には蓋をしてはいけないんですね。

ギフトと一緒に

ギフト包装はお店で追加料金を支払うことが多いですが、役目を終えた包み紙がすぐに捨てられてしまうのはもったいない。お金で何を買い、何が消費されるのか考えてしまいます。相手を想ってふろしきで包めば、ラッピングそのものもギフトになります。

京橋包み

ねじった持ち手がポイント。ねじる時にぎゅっと締め上げるので、しっかり固定されて安定感は抜群です。

1 広げたふろしきの上に包むものを置き、手前と奥の角を持ち上げて中央で真結びする。

2 真結びの両端を、それぞれ山折りするようにしてなかに折り込む。

3 左右の角をそれぞれねじりながら持ち上げる。

4 真結びして持ち手にし、かたちを整えて完成。

きんちゃく包み

結び目をゆるめることで、口を開いたり閉じたりすることができます。小物を入れても荷物が飛び出しません。

1 しずくバッグ（p.46）の手順2から始める。結びの位置は端を長めに残すと丸みのあるかたちになる。

2 ふろしきの表裏を返し、左右の結び目をなかに入れ込む。

3 残ったふたつの角を、2の口を閉じるようにして大きく1回結ぶ。

4 端を真結びして持ち手をつくり完成。3の結びをゆるめると口が開閉する。

包んで運び、贈る

ペットボトルであれ缶であれ、飲み物を運ぶ時はきちんと立てて運べると安心します。瓶は割れ物なのでなおさらです。ふろしきで包めば、万が一落として割れたり、蓋が空いてしまったりしても、液漏れをふろしきが受けとめてガラスの破片からも守ってくれるでしょう。結び方を工夫すれば持ち手をつけることもできます。

差し入れやギフトにする機会が多いお酒は、母の日や父の日、クリスマス、誕生日、ホームパーティーなど、特別な日にぴったり。紙袋やビニール袋から出すよりも、ふろしきの包みを開いていくほうが〝わくわく〟も高まります。何より、包んだままテーブルに飾っていても、その場をすてきに演出してくれます。

缶包み

缶ジュースや缶ビール、ジャムの瓶などをハグするように包みます。手順3はねじりながら結ぶアレンジも。

1 広げたふろしきの上に缶を置き、手前と奥の角を持ち上げて中央で大きく1回結ぶ。

2 端を真結びして持ち手をつくる。

3 左右の角を持って図のように缶に巻きつけ、後ろで真結びする。

4 結び目が正面になるよう向きを変え、かたちを整えて完成。

瓶2本包み

お酒など背の高い瓶は、寝かせて転がすようにして包みます。瓶と瓶はぶつからないので安心して運べます。

1 広げたふろしきの上に瓶を図のように寝かせて置き、手前の角をかぶせて転がすように角まで巻く。

2 角を上に向けてかたちを整える。

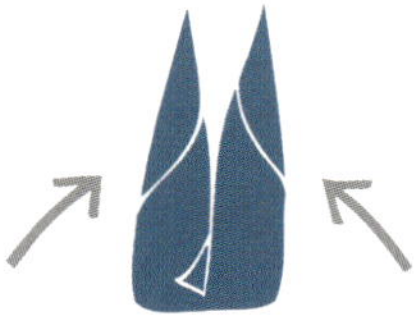

3 2本の瓶を図のように、同時に起こして立てる。

4 ゆるみのないようかたちを整えて真結びし、完成。

心を包むこと

「包む」という字には、母が子を大切に想うという意味があります。「つつむ、くるむ」という意味をもつ〝つつみがまえ（勹）〟という部首はお母さんのお腹、そのなかに子（己）がいることを表しています。それを知ってから、この字に愛を感じずにはいられません。ただ母のお腹に子がいるだけではなく、お腹で大切に育んでいる様子やその想いが込められた漢字だからです。

「抱」という漢字も「手で包む」と書きます。ハグをして相手を包む。愛が感じられますよね。「鞄」は革で荷物を包み、「泡」は水で空気を包んでいるように、「包む」は中身を抱きしめて守っているような、愛のあるあたたかい字だなと思います。

ふろしきで「包む」ことをしていると、ギフトラッピングの時は特に、相手への気持ちや想いも包み込んでいくような感覚があります。ちょうどいい力加減で包むことができるので、ふろしきが私のかわりにギフトをハグしてくれているような、そんなイメージです。

気になって調べていると、「包む」という言葉は「つつましい」「慎む」が語源だとわかりました。贈りものをする時、そのままむき出しの状態で相手に渡すよりも、外からは見えない状態にしたほうが品を感じられますよね。ただ、手土産を紙袋に入れて持ってきた場合は、紙袋から中身を出して渡すことがマナーとされています。これは、「大切にお持ちしました」という想いを伝えるため。日本ならではの奥ゆかしい文化です。私のために選び、包み、届けに来てくれた。そんな見えない時間まで想像でき、贈りものがより一層嬉しいものに変わるのです。

丁寧に美しく

手土産の菓子折りだって、「とりあえず」の形式的なものにはしたくありません。なんのための手土産なのかを考えると、そこには想いがともなうはずで、その想いも一緒に包んで伝えたいわけです。もちろん、お店の包装紙に包まれていたとしても、それは渡し方次第です。

おつかい包み

ふろしきの素材によって平包みがピシッと決まらない時は、こちらがおすすめ。包みが乱れる心配もありません。

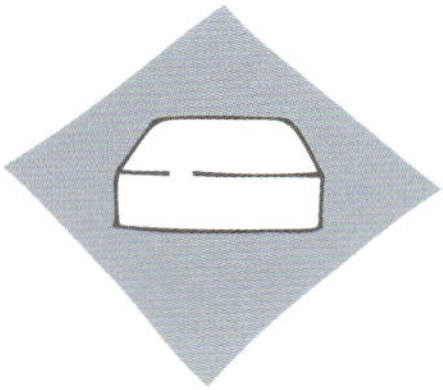

1 広げたふろしきの真ん中に包むものを置き、手前の角をかぶせる。

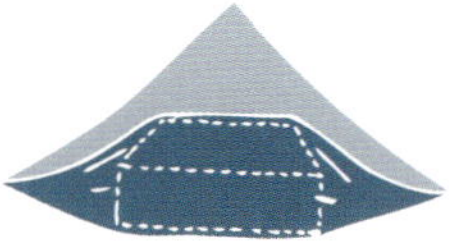

2 奥の角をかぶせ、左右を整える。

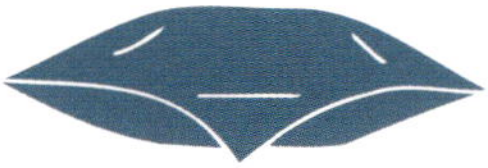

3 左右の角を持ち上げ、中心に結び目がくるように真結びする。

4 包んだものの角や面がきれいに出るよう、かたちを整えて完成。

平包み

上品で丁寧な包み方。折り畳むだけで結ばないのでさっと開くことができ、手土産を渡す時に最適です。

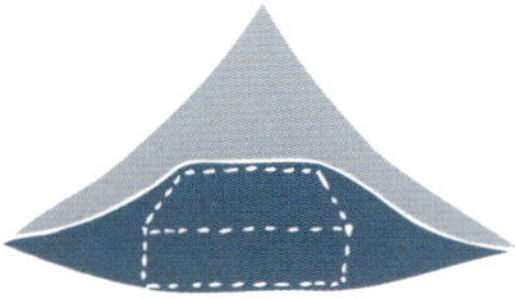

1 広げたふろしきの真ん中に包むものを置き、手前の角をかぶせる。

2 左の角をかぶせる。

3 右の角をかぶせる。はみ出す場合はなかに折り返しておく。

4 かたちを整えながら奥の角をかぶせ、はみ出す場合は下に折り込んで完成。

ひと工夫のかわいさを

手土産を渡す機会は、フォーマルなシーンとは限りません。関係性によっては賑やかな色柄を選んだり、相手に気を使わせないよう結び目をリボンのようにしてカジュアルにしたり、かわいい包み方も楽しみます。同じふろしきでも、包み方次第で印象は変えられます。

ひっかけ包み

2つの結び目が斜めに並ぶ包み方。おつかい包み（p.99）などで布の大きさが少し足りない時、ひっかけ包みなら結べることがよくあります。

1

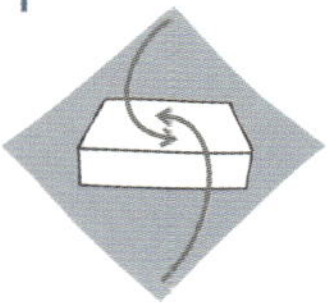

広げたふろしきの真ん中に包むものを置き、手前と奥の角を矢印のように交差させてかぶせる。

2

包むものがはみ出さないよう注意しながら、☆を真結びする。

3

残ったふたつの角も同じように注意しながら真結びする。

4

かたちを整えて完成。

リボン包み

高さがある箱をかわいく包むのにぴったりな、おつかい包み(p.99)のアレンジ。結び目を大きく広げるのがポイント。

1

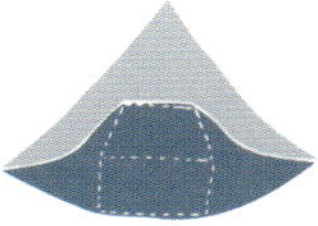

広げたふろしきの真ん中に包むものを置き、手前をかぶせる。はみ出した角はそのまま垂らしておく。

2

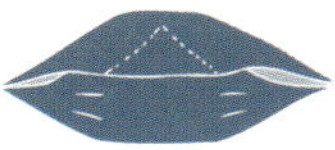

奥をかぶせ、手前に垂れた角を包むものの端に合わせて折り込む。

3

左右の角をまっすぐ持ち上げ、かたちを整えて真結びする。

4

結びの端をなかに折り込んでもOK。

包んで魅せる

韓国式のふろしき「ポジャギ」は、柄のない無地の生地でシンプルな印象があります。日本では、ふろしきは贈りものを包んだり荷物をまとめたりするのに使いますが、韓国では昔、家具のような扱いでもあったようです。一般家庭にタンスなどの家具があまりなく、布で包んで整頓していたんだとか。ラッピングで使われることも多いようで、結びの美しさが魅力です。

　ポジャギのレッスンを受けると、ふろしきのギフトラッピングとはまったく違うものでした。ポジャギは角が美しく見えるようクシを使ったり、結びのかたちで模様を生み出したりします。時間をかけて丁寧に包み、作品づくりをしているような感覚がありました。「布の流れをよく見てね」と、ふろしきを結ぶ時には考えていなかったことを先生から言われ、背筋がピンと伸びました。結びやかたち、角の処理など、細かなところまで注意を行き届かせ、美しく魅せる結びの世界を覗けたような気がします。

※P.102～105で紹介しているポジャギの包み方は、韓国ポジャギアート協会のデザインとして登録されています。

情結び

布の端を互いにくぐらせて模様をつくる、華やかな包み方。裏表で色が違う布を使うのがおすすめです。

1

広げたふろしきの真ん中に包むものを置き、左右の角を１回、手前と奥の角を１回、中央で結ぶ。

2

図のように、手前にある結びの端を奥に倒す。

3

左の角を右へ、奥の角を手前に倒す。そして右の角を左に倒し、端をすき間に入れ込む。

4

入れ込んだところ。かたちを整える。

5

結びの部分を拡大したところ。矢印のようにはみ出した角を時計まわりに回し、すき間に入れ込んでいく。

6

かたちを整えて完成。

葉っぱ結び

葉をイメージした結び目がおしゃれな包み方。結び目は整えますが、立たせず、寝かせておくのがポイントです。

1

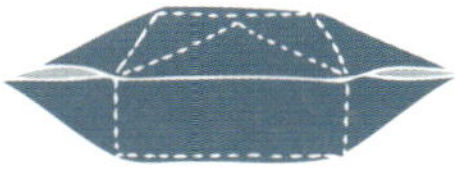

リボン包み（p.101）の手順3から始める。

2

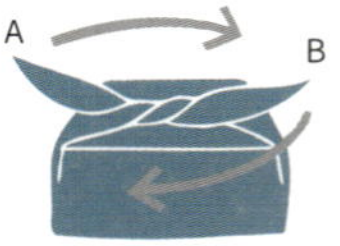

左右の角を持ち上げ、大きく1回、中央で結ぶ。端は矢印の方向へ曲げるようにする。

3

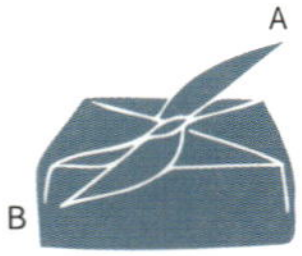

Aを手前に倒し、2の結び目の下をくぐらせる。

4

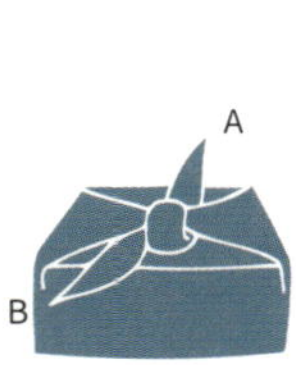

Aを再び前に倒すようにして、3の結び目に通す。

5

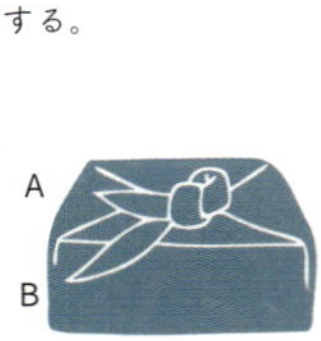

Aを通しているところ。引っ張って左に向ける。

6

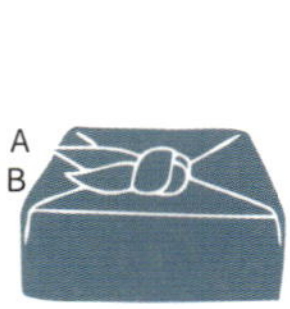

Aを結び目に完全に通し、Bも左に向けてかたちを整える。

ケイトウ花結び

巾着を結んだような見た目。結び目をリボンのように、左右同じ大きさになるよう調整しましょう。

1

広げたふろしきの真ん中に包むものを置き、手前と奥の角を少し折る。

2

角を折ったまま手前と奥を持ち上げ、同じ高さになるよう調整する。

3

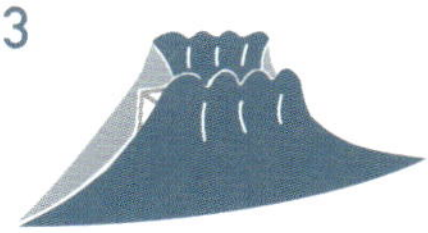

それぞれじゃばら状に折り、ひとつにまとめる。

4

ゴムやひもで結んで止め、かたちを整える。

5

左右の角を図のように手前で交差させ、4の結び目を隠すように真結びする。

6

5の真結びが正面に来るよう向きを変えてかたちを整える。

Column 4

お部屋をすてきにするインテリア

毎日はあっという間で、気づけば季節が変わっています。大人になると学生時代のように進級や進学が控えているわけでもないので、季節行事から遠ざかってしまいがち。その時季ならではの楽しみは、大人になっても逃さず楽しみたいものです。

手軽に始められるのは花を飾ること。花屋さんに通うだけでも、季節の花に触れることができます。成長が見える観葉植物もいいですよね。それから、季節の飾りを部屋に取り込むのもおすすめ。

季節ごとの飾りを購入せずとも、同じふろしきを使い回して変化させていくこともできます。冬にはクリスマスリースを飾り、年末には正月飾りに変身。折り紙の要領で、かぶとなどを作って置き飾りにすることもできるでしょう。「季節感」は部屋の雰囲気で自らつくり、味わうことができそうです。

花瓶カバー

瓶や植木鉢を包んでカバーに。包みたいものの雰囲気に合わせて色柄を選び、結び方も手を動かしながら、いろいろとやってみます。今回は正面に結び目がある瓶包みのようなかたちに。

ハンギングポットカバー

小さな観葉植物で植木鉢も軽量なものであれば、ハンギング型にするとおしゃれ。バッグに入れた植物が顔を出しているような姿がかわいくて癒されます。

クリスマスリース

ねじって輪にしたふろしきを結び、赤いリボンを巻きました。100円ショップなどで売っているヒイラギの飾りをつけて、よりクリスマスらしい雰囲気に。赤と緑のふろしきをねじってもいいですね。

正月飾り

染まり加減の違うコーヒー染めのふろしき二枚を、ねじって締め上げました。玄関の飾りにもぴったり。雑貨店で購入した正月飾りをつけてシンプルに仕上げましたが、生花や水引などを使ってしめ縄飾りにしてもすてきです。

(CHAPTER 5)

私らしい一枚を

私が好きなもの、心地いいもの、
ときめくものは、きっと私らしさのひとつ。
いいなと思ったものを、誰かがいいねと
言ってくれたら嬉しくなります。

いつもの自分に戻る

ふろしきの活動を始めた頃、「永遠に未完成でいようね」と言われたことがありました。ゴールを決めて完結させるのではなく、もう少し先へ、満足しないでよりよいものを求めるようにと。それに、設定したゴールにたどりつくことが正解ではないし、そこで終わりでもない。そんなふうに解釈しています。

何か叶えたいことがあると、それを終着点に設定してしまうことがありますよね。そこにたどりつけなくて苦しくなったり、現在地を見失ってつらくなったり。ふろしきに出会う前の私は、そこまでの距離や進むペースに焦ったりもしていました。一本道の先にあるたったひとつのゴールだけを目指すのは苦しいし、突き進んだ結果、先にも続かずあとにも残らなかったら、叶える意味も変わってしまいます。

今は、終着点だと思っていたものは通過点と考えて、その過程も楽しみたいと思っています。そんなふうに考えられるようになったのは、やはりふろしきを結んだりほどいたり、包み方を変えたりしているうちに、自分の気持ちを引き締めることや、ゆるめること、立て直すことができるようになったから。

心地よい暮らしと精一杯やりたいことを頑張る生き方は、一見すると相反しているように思えますが、私はそれで心のバランスをとっているところがあります。私にとっての心地よさは、フラットな自分でいられること。慌ただしい日も、嫌なことがあった日も、ぎゅっとそれを固く閉じ込めないで、結んでいたふろしきが一枚の布に戻るように、私もフラットな自分に戻るようにしています。疲れや感情の波のせいで戻るのが難しい時は、好きなお笑いの動画を見たり、親友に連絡をとったりします。心地よい自分、心地よい暮らしに戻れる安心感は頼もしい味方になり、頑張りたいことに向かって大きな一歩を踏み出す力になります。そうやって自分の心のバランスをとりながら進んでいけば、振り返った時に成長の足跡も見えてきます。

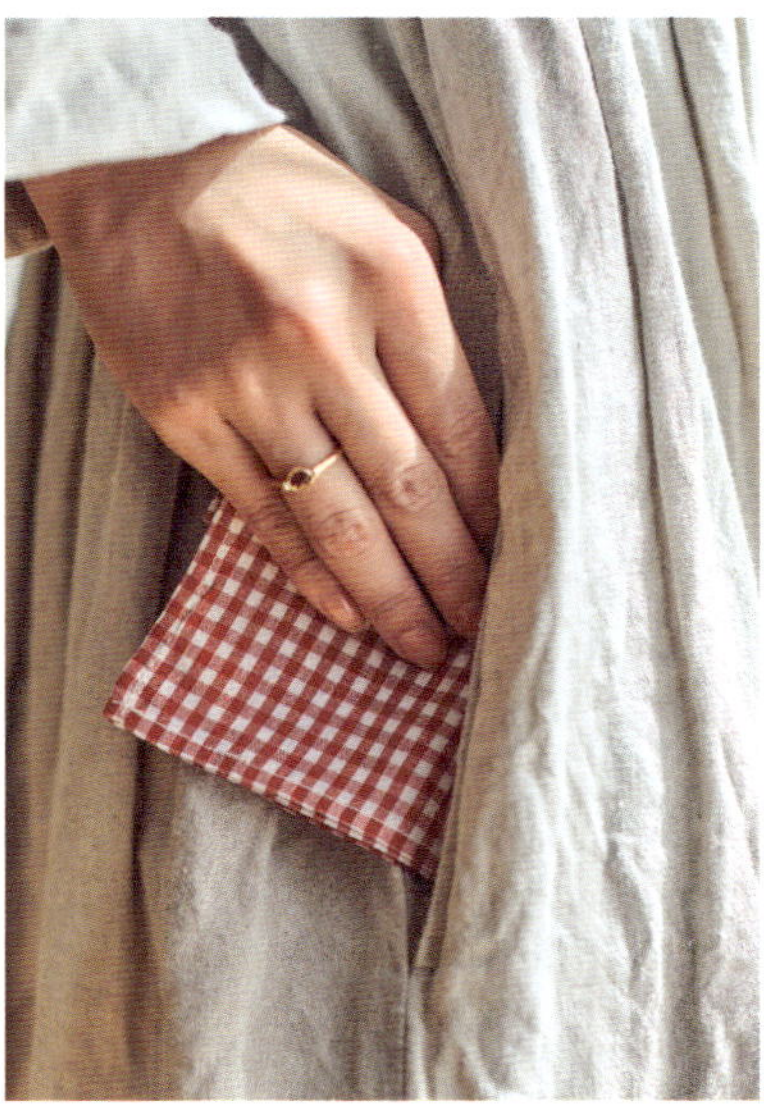

伝えたいこと

２０２０年にレジ袋が有料化してから、ふろしきはエコなアイテムとして注目されましたが、それ以上に多くの企業が一斉にエコバッグを推奨するようになりました。そこで思うのは、エコバッグを大量に生産し、いくつも買って使うことは果たしてエコなのか、環境のためになっているのか、ということです。

レジ袋の有料化から数年経った今、リサイクルショップや古着屋には、エコバッグが大量に持ち込まれている現状があります。販売商品にしても無料で配るノベルティグッズにしても、ゴミを減らすために作られたはずのものが、たった数年で不要なものとなり、あふれているんです。エコな商品やサステナブルな商品を買い足すよりも、まずは今あるものを大切に使い続けることを考えたいですね。

ヒット商品が次々に誕生する流行に敏感な社会なので、「すでにある、実はいいもの」はなかなかよさが伝わりづらいものです。改めてふろしきの魅力を感じてもらうにはインパクトも必要に思いますが、流行らせたいわけではありません。なので、ふろしきにふれて、よさを感じていただけるよう、包み方を教える講座やショップでのデモンストレーションを積極的におこなっています。ふろしきが好きなことを発信しているのも、魅力に気づいてくださる方が増えるといいなと思っているからです。

ふろしきの活動を取り上げてくださるメディアも増えましたが、教えることと伝えることの微妙な違いの難しさも感じています。使い方を教えたいというよりは、よさを伝えたい。なので、使い方はあくまでも例として紹介し、自分が使いたいように自由に使ってもらえたらと思っています。

自然色に染める

「服」という字には身につけること以外に、体に取り入れるという意味があります。一服するとか、服用するとか言いますよね。なので、ストールにしたり羽織ったりして身に纏うふろしきは、元気が出るお守りみたいな存在になればいいなと思っています。

数年前、体に優しいふろしきを作りたいと思い、草木染めを始めました。草木染めと植物のことを学び、アカネ、ヨモギ、オリーブ、ドクダミ、クロモジなどで染めています。これらは漢方薬としても使われる植物。身に纏うことで心が癒されたり、気分が落ち着いたり、私のふろしきで誰かを元気にすることができるなら、そんな嬉しいことはありません。煮るといい香りがしたり、植物や布に触れる感触が心地よかったりと、染めている時間も優しい気持ちになれます。そんな気持ちが宿っているのか、草木染めのふろしきを身に纏うと、ふわっと柔らかい気持ちに包まれます。

草木染めした麻のふろしきを使っていると、使うごとに柔らかく、ふわふわになっていきます。何度も洗濯したり、日に当たったりして色が少し落ちてくる様子もなんだか愛おしく、それをまた染め直すのも楽しみ。そうやって愛情をもって一枚を大切に使っていると、自分もふろしきに大事にされているような気がしてきて、まさに私のお守りです。

草木染めで要領を得た私は、コーヒーや果物で染めるふろしき作りにもチャレンジ。カフェのコーヒーの出し殻で染めたり、アロマ屋さんの柚子やレモンを蒸留した時に抽出される液で染めたりと、そのお店とのコラボふろしきを制作する機会も増えました。

布を染める時間

地元の愛媛から東京へ向かう飛行機でのこと。「左側の窓からは夕焼け色に染まった富士山がご覧いただけます」と、機長からのアナウンスが入りました。富士山とは反対側の席でしたが、ふと窓の外を見てみると、夕焼けのオレンジと淡いみずいろの空、そして青い海へとグラデーションが続くとてもきれいな景色を見ることができました。自然がその瞬間にしか作り出せないすてきな色で、「富士山もいいけど、こちら側の景色が見られてよかった」なんて気持ちになり、とても印象に残っています。

染めたふろしきは、空のグラデーションを思わせるような、なんとも言えない色合いになります。アカネで染めた赤やピンクも、ヨモギで染めた緑や黄色も、一枚一枚違っています。晴れた空の青色や夕焼けのオレンジ色を、なかなか言葉で表現できないのと同じです。淡くしたい、濃くしたいという調整は慣れるとできますが、その時の染料と自分にしか出せない色に染まります。熱い液に浸したふろしきを絞る時は手が赤く腫れたり、手や爪まで染まったりしますが、自分の手で染めたという実感が強く残り、幸せを感じます。自分で染めたふろしきは、なんとも愛情深い存在です。

イベント出店などで、染めたふろしきを販売していると、「きれいな色ですね」と声をかけていただくことがよくあります。何を使って染めたかを伝えると、「だからなのね。本当の色だもの」と言っていただいたことがありました。本当の色。その言葉は、飛び跳ねるほど嬉しいものでした。

コラボ作品のひとつに、香りの商品を手がけるHayaさんというブランドがあります。ミカンやレモン、ラベンダーなどを蒸留した時に残る、ジュースのように濃い液に布を浸すと、じわじわと果物やお花の色が布に移っていきます。液が次第に透き通っていく様子は、まるで布が呼吸しているように感じます。

自然のもので染めた布を身につけていると、自然となかよくなれる気がします。いい色、いいにおい、いい風、いい心地……。

準備するもの

染めのふろしきは、ご家庭にあるものを使って作ることができます。ここでは「コーヒー染め」を紹介しますが、草木染めも基本的に工程は同じです。また、ふろしき以外に靴下やTシャツなども、同様のやり方で染めることができます。

コーヒー染めは、ドリップしたあとに残る出し殻を使ってもいいでしょう。カビないよう乾燥させておきます。色を濃く鮮やかにするために使うミョウバンは、ドラッグストアなどで数百円で手に入ります。豆乳に布を漬ける下処理は「タンパク処理」とも言われ、色が定着することを助けてくれてきれいに染めることができます。色ムラができないようにしっかり漬けて、よく水気を絞って干しましょう。

染め方

1　ボウルに豆乳を入れ、染める布を漬ける。よく染み込ませたら、絞って干しておく。

2　鍋に水とコーヒーの出し殻を入れ、沸騰させて火を止める。

3　紐や輪ゴムなどで漉す布をボウルに張り、2を流し入れてコーヒー液をつくる。

4　3に1の布を入れて染め、全体に色がついたら絞る。この時、割り箸や手袋を使うとよい。

5　ボウルに40℃くらいのぬるま湯を入れてミョウバンを溶かし、4を浸す。

6　布をよく絞り、乾かす。色ムラが気になる場合は、陰干しがおすすめ。

Point　コーヒー液の濃さや、4と5の工程を繰り返すことで色の濃さを調整できます。
輪ゴムなどで絞った布を浸すと絞り染め、一部分だけ浸すとグラデーションになるなど、アレンジも楽しめます。

思い出も一緒に

　さまざまな生地でふろしきを作っていると、身のまわりにはたくさんの布があることに気づくようになりました。部屋のカーテンやラグ、タオルもそうです。そして洋服も。私のクローゼットには、いつか着るかもしれないと眠っている洋服がたくさんあります。「断捨離をするには服を一度全部出して、捨てるものと残すものを決めていくといい」と本で読んだことがあったので挑戦したこともあったのですが、「好きだから」「着ているから」「気に入っているから」と結局何も手放すことができませんでした。

　なかには、もう着ないだろうなと自覚しているものもあるんです。気に入って何度も着て襟や袖が擦れてしまったシャツや、あまり着る機会のない質のいいコート。「愛着があるから」「質のいいものだから」と決心がつきません。誰かから譲り受けたものも、その人の顔や思い出が浮かんできます。そんなふうに考えていると、「あの時、お金を貯めて買ったんだよな」「これであそこに行ったな」「親友が褒めてくれたな」と、どんな服にも思い出がありました。思い出があるから手放せなかったんです。

　手放さなくていいものしか持っていなかったのか、私が断捨離が苦手なのかはさておき、その時、シャツのポケットやコートにボタンがついている様子を見て「この部分をふろしきに使ったら」と思いつきました。「袖がついたふろしきがあってもいいよね。ふろしきに手が生えていたらかわいいかも」と、一度おもしろそうと思ったらアイデアがどんどん膨らんでいきます。思い出の洋服でふろしきを作りたい、いや、作ろう。もう決めていました。

洋服をリメイク

リメイクすると服ではなくなりますが、思い出は残ります。「手放す」とは少し意味合いが変わり、これなら私も少しはクローゼットの整理ができそうでした。

洋服でふろしきを作りたいと思ってから、友人のSHINPINさんに相談しました。SHINPINさんは、古着を組み合わせて新品の洋服をつくるクリエイター。ただ切り貼りしてつなぎ合わせるのではなく、レースやボタンを足すなどして、自分らしいかわいさを追求している人です。以前、「ふろしきっていいなと思ってニットをリメイクして作ってみたよ」と見せてもらって感動したことがあったので、彼女しかいないと思い、迷わず連絡しました。その時のニットのふろしきは、ふろしきだけど洋服み

たいで、とてもかわいかったんです。

私が彼女に依頼した内容はこうです。シャツを貼り合わせるようにして四角いふろしきを作り、袖も捨てずに縫いつけてほしい。みなさんはどんな姿を想像するでしょうか。数日後にできあがったシャツのふろしきは、理想通りの仕上がり。シャツの胸ポケットがワンポイントになり、はみ出た袖で真結びができます。その後、コートやスカート、セットアップのリメイクふろしきも完成。このコラボふろしきは、〝ふろぴん〟と名付けました。ショップで展示したりポップアップイベントをしたり、作品撮りをしたりと、アート作品のような楽しみ方もできました。

私の想いやアイデアをSHINPINさんがコラージュしてくれたことで新しいふろしきに出会えたように、何かと何かを組み合わせ、掛け合わせると、自分だけのアイデア以上におもしろいことが起こりますよね。普段は自分で考えて自分で作っているので、とても新鮮な体験でした。リメイクふろしきを作る時、生地の組み合わせやふろしきの使い勝手には相性もありますが、それもやってみなければわかりません。

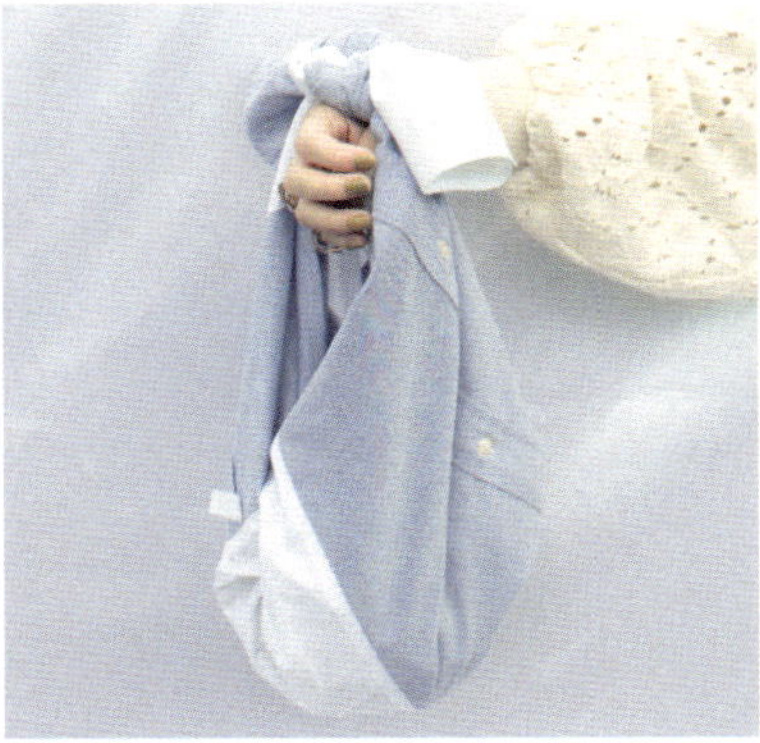

手と手をつなぐようにして、袖を真結びしたシャツふろしき。結び目は大きくなりますが、それもポイントになってかわいい。

着物をリメイク

洋服だけでなく和服、つまり着物や浴衣もリメイクしてふろしきに生まれ変わらせることができます。着物リメイクブランド「りふる」との出会いは、着物のふろしきをより魅力的に感じるきっかけになりました。商品作りを手伝うことになり、着物の糸をほどいていく様子も興味深く、おもしろいものでした。

誰かが大切に着ていた着物の縫い目を大切にほどいて手洗いし、クリーニング。そして丁寧にアイロンをかける。それをくるくると巻いていくと、反物に戻ったような姿になります。着物は本当に無駄がありません。縫い目をほどくと、着物は長方形のパーツを組み合わせて作られていることがよくわかります。色柄も日本の自然風景や伝統の文様が美しく、質感や手刺繍もすてき。生地そのものに魅力を感じ、見惚れてしまいます。着物は自分では洗えず、手入れが大変だと思われることも多いですが、一度手洗いされていて「手洗い可」は確認済み。扱いが難しいものだというイメージが変わりました。あて布をして低温で丁寧にアイロンをかけるとシワも伸びます。

ほどいた着物は同じ生地、あるいは違う色柄の着物を縫い合わせてふろしきにリメイクします。柄の意味やつながりを考えることも、着物リメイクならではの楽しいところ。絹の着物で作ったふろしきは、肌触りがいいのでスカーフとして使うのもおすすめ。手土産を包んでも上品な印象になります。反物をつなげて作るふろしきは、昔からある作り方。この着物リメイクふろしきは、本来のかたちであり、「ふろしきらしさ」をより感じられて誇らしくなります。

できることをやる

私がふろしきブランドを立ち上げたのは、「かわいいふろしきでいっぱいの、楽しい場所をつくりたい」と知人に話したことが始まりでした。それなら個展開催だと話が進み、本格的に作品づくりがスタート。とても大変でしたが、友人の助けもあって1か月で100枚以上のふろしきを作ることができました。経験もなく、実力も未知数。でも、想いとやる気にあふれ、ある意味、無敵な気持ちでした。そういう時のパワーってすごいですよね。私はコツコツ何かをやっていくのが好きなので、そんな性格に救われたところもあるかもしれません。できないことをできるようにするのではなく、できることをできるだけたくさんする努力のほうが、自分に合っているんです。

そんななかで誕生した〝オリジナルふろしき〟もたくさんあります。「シュークリームふろしき」と名付けたフリルのふろしきもそのひとつ。もっと結びやすく、日常で使いやすいものにできないかと考えているうちに、真ん中だけ違う素材の布とフリルをつける方法を思いつきました。作り方はあとのページで紹介しますね。

今の活動があるのは、いつも支えてくださる方々のおかげ。チャンスやきっかけをもらい、それをつかまえて〝コツコツ〟がつながって今に至ります。今は制作以外にも、世界的ファッションブランドの店頭でふろしきの結び方やパフォーマンスをする機会をいただくなど、活動の幅が広がりました。企業の役に立ったり売り上げに貢献したりすることは、自分のブランドを展開する活動とは違ったやりがいを感じます。目の前にやってきたチャンスをつかみ、一歩ずつ進んでいくやり方はずっと変わっていません。

ふろしきとの出会いを届ける

小学校でのふろしき講座。「ふろしきのこと、知っている人は手をあげて」と聞いてみると、半分くらいの児童が手をあげてくれます。どんな使い方を知っているか、どこで見たか、さらに尋ねると、お母さんが着物を包んでいたとか、運動会のお重のお弁当を包んでいたとか、いろいろなエピソードが出てきます。今は道徳の教科書にもふろしきが登場するんだとか。でも、自分が使った話、使っている話をした子どもはいませんでした。ふろしきは、近くにいる大人のそばにあるものであって、子どもたち自身が身近に感じていることではない、ということでしょう。

そこで、「もしもランドセルが、ふろしきだったらどうするか」そんなお題

を出して子どもたちに教科書や筆箱などを包んでもらうことがあります。ランドセルがないなんて、子どもたちにとっては困ったお題ですよね。そんな突拍子もないような場面をおもしろがりながら、ふろしきとの距離を縮めてもらっています。いつか子どもたちの持ちものにも、ふろしきが加わると嬉しいです。

自分のブランドのふろしきを委託販売で預ける時、お店の方が様子を知らせてくださることがあります。「6歳のお子さんがお母さんと来店されて、はじめて出会ったふろしきに興味津々。どれにしようか色柄を迷って選んでいかれました」というメッセージをもらった時には、たまらなく嬉しい気持ちになりました。はじめて触れるふろしきで自分の好きな色や柄に出会えたら、そのときめきやわくわくした気持ちが第一印象になりますよね。そのイメージはずっとその人のなかに居続けると思うんです。私のギンガムチェック好きがそれを証明しています。

ふろしきに対象年齢はありません。年齢関係なく、ときめいたりわくわくできるようなふろしきを、これからも作っていきたいと思っています。

無地でシンプルなものも、素材の色を活かしたものも、個性ある色柄も、好き。すてきも、おしゃれも、かわいいも、全部好き。

準備するもの

・無地の布（正方形）
・柄の布（正方形）

Point
柄の布は、無地の布の4分の1くらいのサイズで作るとバランスよく仕上がりますが、お好みで問題ありません。

フリンジの作り方

フリンジでおしゃれな印象を演出。ふろしきの角にフリンジがあると結んで使う時に扱いにくいので、柄の生地にフリンジ処理をしてパーツとして使います。

布の端から数センチ内側を縫い付けて糸を抜いていく方法が一般的ですが、私は均等なフリンジよりも、あえてボソボソした手作り感を出したいので、生地の糸をひっぱって裂くように作ります。ある程度の長さのフリンジを作ってから縫い付けます。

カントリーふろしき

作り方

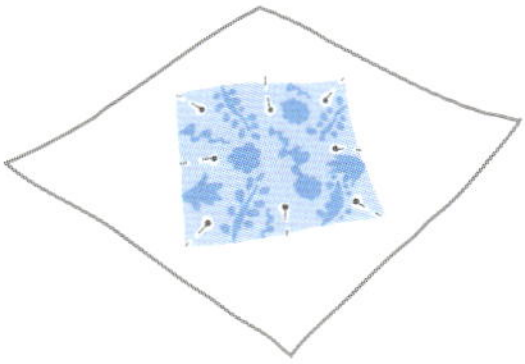

1　無地の布は端を折って縫い、ほつれないよう処理しておく。無地の布を広げ、図のように柄の布を重ねて置いてまち針で止める。

2　柄の布の端を無地の布に縫い付ける。
フリンジをあとから作る場合は、フリンジの長さを残して少し内側を縫い付けて糸をほどく。

心がときめくフリル

四角い箱を包むとケーキに見える。そんな絵柄の出方が計算されたデザインのふろしきが販売されているのを、よく見かけるようになりました。生地自体に絵柄がプリントされている場合が多いですが、平面ではなく立体で表現できたら、もっともっとかわいくなります。

立体感を出すには、「フリル」がぴったり。マカロンやシュークリーム、ソフトクリームなどのスイーツに欠かせないクリームを、フリルで表現したふろしきを作りました。スイーツを食べると幸せを感じたり、優しい甘さに癒されたりしますが、このふろしきを使う時も、そんな気分を味わっています。どんな生地で作るか考える時も、ケーキ屋さんで何にしようか迷う感覚と似ています。

ふろしきレシピ〈フリル〉

準備するもの

・無地の布（正方形）
・フリル用の無地の布（帯状）
・色や柄、素材が違う布（正方形）

Point
フリル用の布は、薄手の柔らかい素材がおすすめです。ハリ感が変わるので、仕上げたい印象によって生地を選んでみてください。

フリルの作り方

フリルはギャザーを寄せたり折り重ねたり、作り方も様子もいろいろです。片側に作る場合も、両側に作る場合もあります。

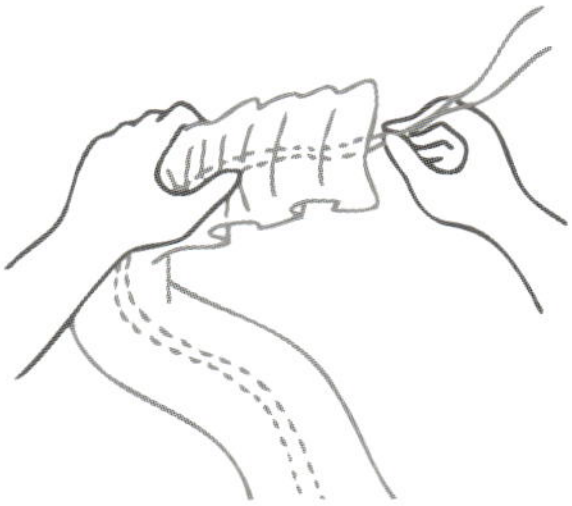

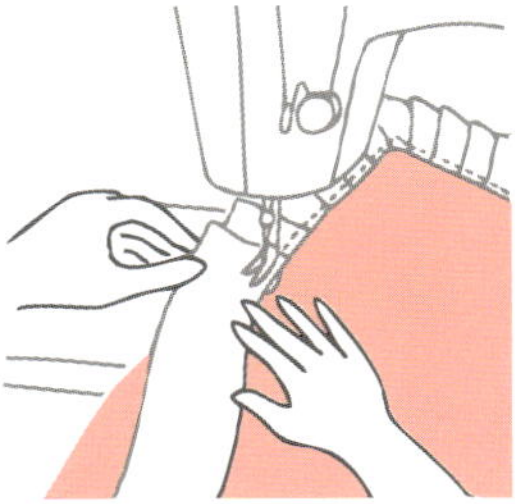

端を縫って下処理した帯状の布の中央に2列、ミシンまたは並縫いして両端の糸を長めに残します。糸（ミシンは上糸のみ）を引いてギャザーを寄せると、両側フリルのパーツができあがり。

プリーツのフリルは、布を折り畳んで寄せながらミシンで縫います。

マカロンふろしき

作り方

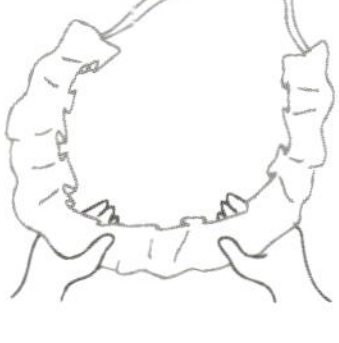

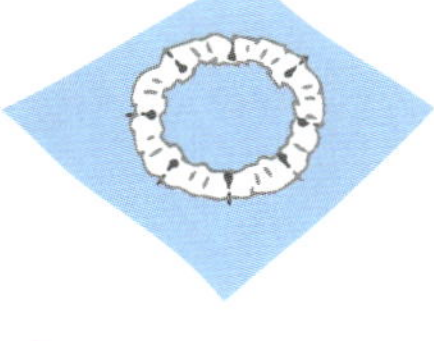

1　フリルの布の真ん中を縫い、糸を引いて布を寄せながらカーブさせて円状のフリルのパーツを作る。

2　端を処理した無地の布を広げ、1を図のように置いてまち針で止める。

3　フリルのパーツを縫い付ける。

シュークリームふろしき

作り方

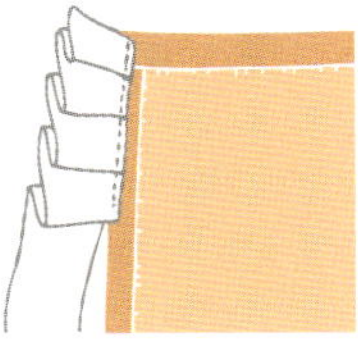

1 色の生地の端を折ってアイロンをしっかりかけ、フリルの生地を寄せながら縫い付けていく。

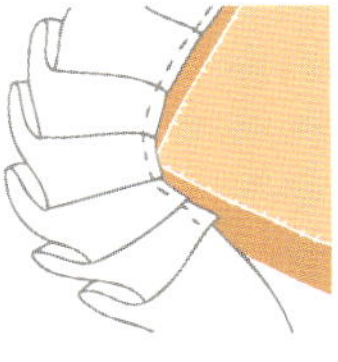

2 角も生地を寄せながら縫い付けて1周させ、フリルの端と端を裏で縫い合わせる。

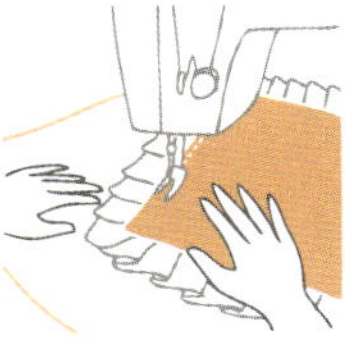

3 端を処理した無地の布を広げ、2を図のように置いて縫い付ける。

ソフトクリームふろしき

作り方

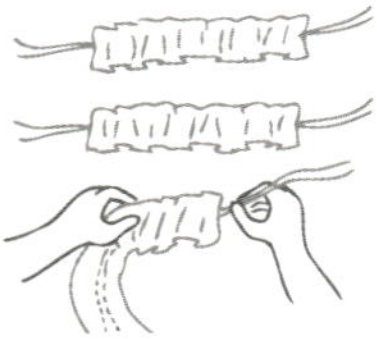

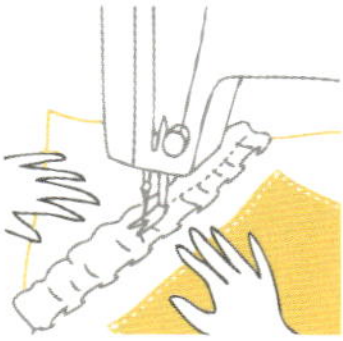

1 p.131のカントリーふろしきを作るように、布を縫い合わせる。

2 両端にフリルのあるパーツを6本作る。長さは、上の写真のように無地の生地の角に合う長さにする。

3 1に2を3本ずつ、向かい合う角に縫い付ける。

フリルふろしきを結ぶときは

ふろしきの角はフリルをつけないで、結べるだけの長さを残しています。ソフトクリームふろしきは、しずくバッグ（p.46）に。しっかり結んで結び目を整えると、ソフトクリームの先のくるんとした部分を表現できます。

マカロンふろしきは目隠しカバー（p.43）のように包み、シュークリームふろしきはおつかい包み（p.99）にすると、シンプルながらフリルのデザインを活かせます。結び目を大きくすると、ぎゅっと絞られてフリルの華やかさが引き立ちます。

どのフリルふろしきも、包んだあとは仕上げにフリルのかたちを整えます。

組み合わせを楽しむ

ふろしきをバッグとして使うことはよくありますが、強いて言えば、床に置いてしまうと形が崩れてしまうのが難点。もたれるところがなく、足元に置くようなシーンがある時は革のカバンが便利ですよね。そこで、ひらめきました。かたちが決まっている革と、中身によってかたちが変わるふろしきを組み合わせるとおもしろいものができるかもと……。

革は時間の経過や使用頻度によって伸びていくのに対し、麻などの布は縮んでいくので縫い付けてしまうのはふさわしくなく、別々に作ったものを合体させて使うことにしました。「ふろしきカバー」「ふろしきカバン」なるものが完成。カバーとふろしきの中間のようなユニークさが気に入っています。

ふろしきレシピ〈布×革

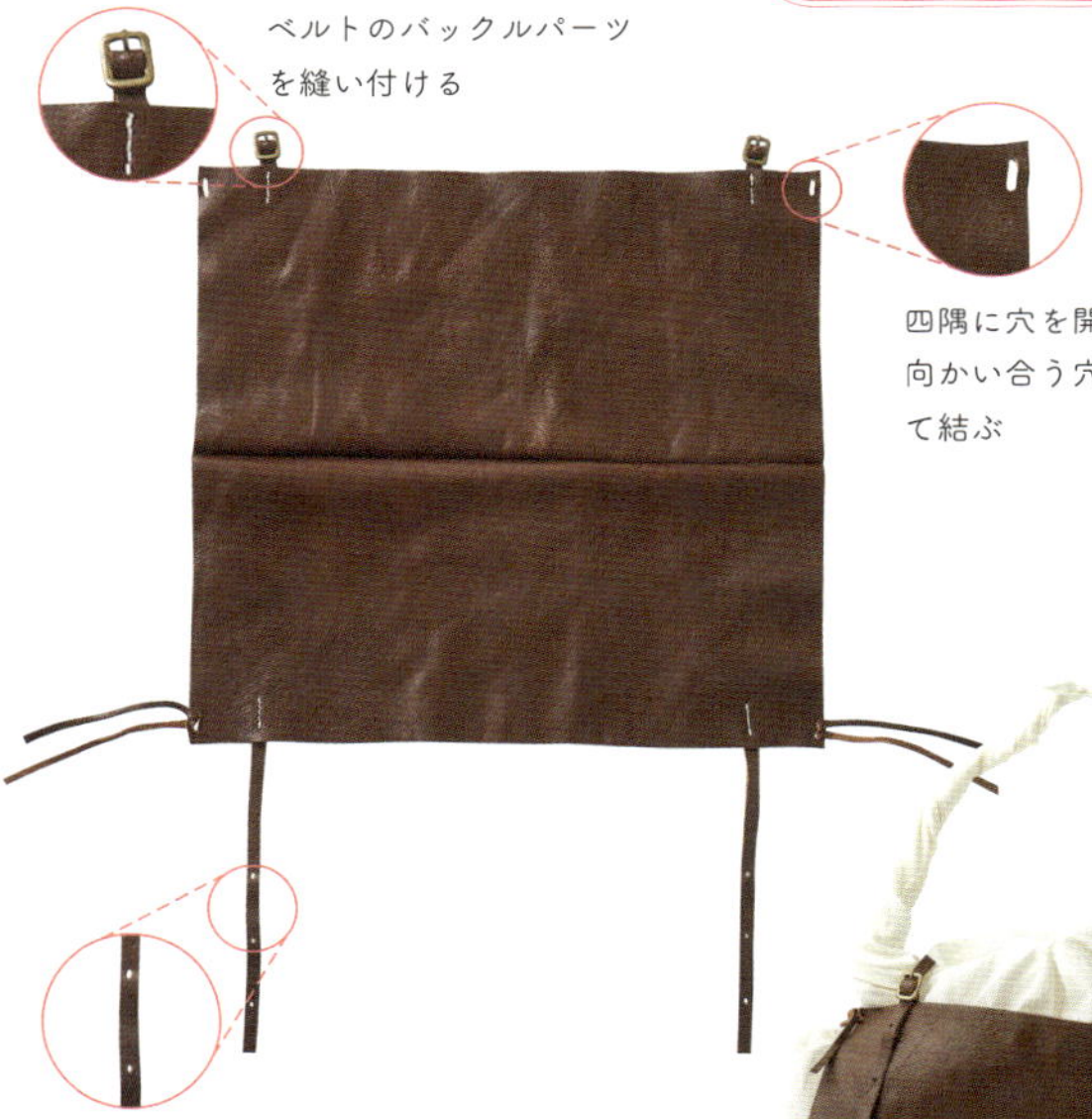
四隅に穴を開けておき、
向かい合う穴に紐を通し
穴を開けたベルト紐を
縫い付ける

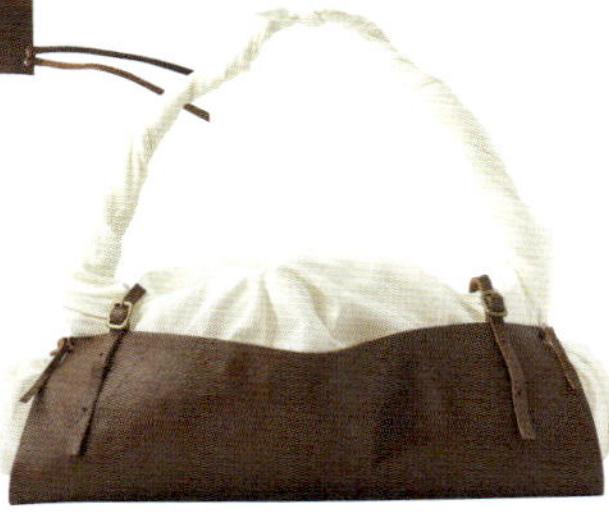

長方形のレザー生地を2枚用意し、表面同士を重ねて長辺を1か所縫い合わせて開きます。ベルトのパーツをつけたり、紐を通す穴を開けると、レザーのふろしきカバーの完成。

使い方

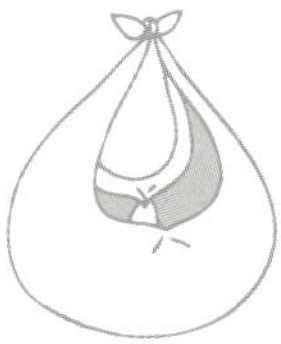

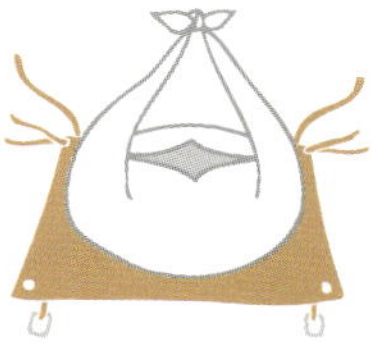

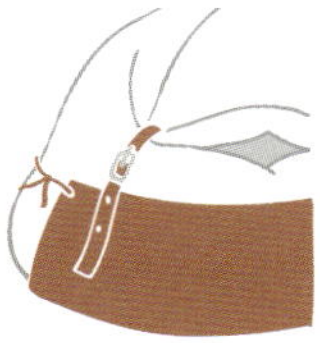

1　p.46のしずくバッグを作る。持ち手はねじっても、ねじらなくてもよい。

2　ふろしきカバーを裏にして広げ、1を上に置く。

3　図のようにベルトを留め、紐を結ぶ。

手入れと手当て

ふろしきは布製品なので、汚れたら洗って干すのが基本。シルクや麻は柔軟剤で優しく手洗いするなど、洋服と同じように素材と洗い方は気をつけます。結び目の角は生地が伸びて、畳んだ時に角が揃わなくなってきますが、洗濯して角を整えてアイロンを当てると、大体はもとに戻ります。角がピシッと戻ると、やはり気持ちのいいものです。洗うことでシワになる生地もありますが、干す向きを工夫したり、濡れたままアイロンをかけたりすることでシワを伸ばすことができるでしょう。シルクなど、洗う回数を少なくしたい素材は、お風呂場に干すのも効果的。温かい蒸気のスチーム効果でにおいをとり、シワも伸ばしてくれます。

いつも同じふろしきを使っていると、決まった場所の生地が薄くなってきたり、摩擦によって擦れたり、穴が開いたりすることもあります。これも衣類と同じです。ズボンの膝や裾が擦れてきたり、靴下に穴が開いたりしますよね。日常的にふろしきを使っている知人は、穴が開いた部分に違う布を縫いつけて、パッチワークのようにして繕っています。絆創膏を貼っているような姿がなんともかわいく見えます。

長く使うものは、こうした手入れ、そして手当てが欠かせません。壊れないよう普段からケアするのが手入れ、壊れることを想定して準備しておくことが手当て。それでも壊れた時に繕い、パーツを交換するなどします。

ふろしきや衣類に限らず、シワシワになったり擦り減ったり、穴が開いたりするのは、暮らしや人の心にも言えることです。私たちにも、手入れや手当ては必要。普段意識することはなくても、きっと誰でもそういう存在があると思うんです。家族や友人かもしれないし、趣味や推し活、食べ物や植物、運動や音楽かもしれない。大人になれば自分のことは自分で面倒を見られるような気がしますが、直接的か間接的かはいろいろで、みんな誰かや何かに支えられ、癒され、励まされ、元気をもらったりしているはずです。

今の私は、ふろしきが手入れや手当てをしてくれるから「何があっても大丈夫な自分」でいられます。日々が過ごしやすくなり、自分のことを前より大切にできるようにもなったので、知らないうちに、ふろしきを使うことがセルフケアになっていたようです。私も、いつも助けてくれるふろしきを、手入れ・手当てしながら過ごしていきたいと思っています。そしてふろしきのように、誰かのピンチを助け、優しく寄り添える人でありたいと思います。「ふろしきみたいな人だね」と言われたら、それは最高の褒め言葉です。

おわりに

この本の執筆を始めた頃、自宅で昔使っていたノートを見つけました。10年くらい前に愛用していたもので、仕事のことや日々のスケジュール、いろいろなことが書いてあり、夢を書いたページに「30歳で本を書く」とありました。

当時は、まだふろしきの便利さに気がつく前です。きっと具体的には考えていなかったと思うし、すっかり忘れていたのですが、ずっと心の奥で覚えていたのでしょうか。ちょうどその年齢になりました。

ふろしきに出会えたこと、あの時にノートに書いたこと。本が出版されることになり、過去の夢と待ち合わせをした気分です。

これからも願いごとを夢のままにしないように、過去に忘れてきてしまわないように、心に決めたことに向かって進んでいきたいと思います。そのためにも手を抜けるところは、ほどよく手を抜きます。ふろしきはそのための道具。いつの日か、みなさんのこともふろしきが助けてくれますように。

滝野朝美

滝野朝美《たきのあさみ》

1993年愛媛県生まれ。ふろしきクリエイター。
自身のブランド「Furoshiki Mignon（ふろしきミニョン）」を立ち上げ、今の時代に馴染むデザイン性の高いふろしきを制作販売する。ワークショップやイベント出店、ラジオやテレビ等のメディア出演のほか、世界的ファッションブランドPRADAやChloéでの店頭実演、クルーズ客船やJICA日系社会研修での講師など幅広く活動する、ふろしき界注目のインフルエンサー。

撮　　影　奥村亮介
撮影協力　STUDIO iiwi・tsudoi
　　　　　韓国ポジャギアート協会 イ イェギュ（bojagi danbi）
イラスト　横山功
デザイン　石井志歩（Yoshi-des.）
校　　正　夢の本棚社
編　　集　竹田かすみ

ふろしきがある暮らし
一枚の布が豊かさと心地よさを教えてくれる

2024年10月5日　初版第1刷発行

著　者　滝野朝美
発行人　廣瀬和二
発行所　辰巳出版株式会社
　　　　〒113-0033　東京都文京区本郷1丁目33番13号 春日町ビル5F
　　　　TEL 03-5931-5920（代表）
　　　　FAX 03-6386-3087（販売部）
　　　　URL http://www.TG-NET.co.jp
印　刷　三共グラフィック株式会社
製　本　株式会社セイコーバインダリー

ISBN 978-4-7778-3062-6 C0077